O ENIGMA DAS ALMAS GÊMEAS

♥

DE MÃOS DADAS ATRAVÉS DO TEMPO

Judy Hall

O ENIGMA DAS ALMAS GÊMEAS

♥

DE MÃOS DADAS ATRAVÉS DO TEMPO

Tradução
GILBERTO BERNARDES DE OLIVEIRA

EDITORA PENSAMENTO
São Paulo

Título do original:
Hands Across Time
The Soulmate Enigma

Publicado originalmente por Findhorn Press, Scotland.

Edição	Ano
1-2-3-4-5-6-7-8-9	99-00-01-02

Rua Dr. Mário Vicente, 374 — 04270-000 — São Paulo, SP
Fone: 272-1399 — Fax: 272-4770
E-mail: pensamento@snet.com.br
http://www.pensamento-cultrix.com.br

Impresso em nossas oficinas gráficas.

Para Rob
que tem todas as qualidades de uma
verdadeira alma gêmea

Agradecimentos

Eu gostaria de agradecer a todos os que me deram permissão para usar suas histórias. Obviamente, tenho de preservar-lhes o anonimato, mas eles sabem quem são. Agradeço, de modo especial, e com muito amor, a Justin Carson e David Lawson.

Minha gratidão a Sue Boase por ter escrito as histórias de Diana, de Joanna, Julia e Belinda. Também aos editores que gentilmente me autorizaram a usar excertos de obras já publicadas (confiram-se as notas).

Meu amor e meu muito obrigada ao pessoal da Findhorn Press, especialmente a David, pelo desenho da capa, e a Lynn, por sua revisão editorial sempre precisa.

SUMÁRIO

Para uma Alma Gêmea

When you came to my heart/ I welcomed you in, / An innocent maiden/ Unknowing of sin
[Quando bateste à minha porta/ Eu te recebi de bom grado/Donzela inocente/ E sem pecado]

And the three sisters spun/ At the edge of the World/ While our love came unbidden/ Our future unfurled
[Fiavam as três irmãs/Nos mais distantes confins/ Enquanto inesperado nosso amor chegou/ Desfraldando nosso futuro]

Time circled about us/ As shadows grew deep/ While the web became darker/ And tangled with sleep
[O tempo girou sobre nós /Enquanto as sombras se adensaram; /E a feia teia ficou mais negra/ Emaranhada de sono]

Then you begged for my soul/ For you'd none of your own/ And I gave it you gladly: Blood, flesh and bone
[Imploraste então por minha alma /Pois a tua não existia /E com prazer eu a dei a ti/Sangue, carne e ossos]

And the three sisters spun/ In the black of the night/ Whispering shadows/ Cursing the light
[E as três irmãs a fiar/Na escuridão da noite /Conspirando nas sombras/ Amaldiçoando a luz]

Though I dreamed of redemption/ In sunlight and rain/ I had bitten your apple/ And slept in my pain
[Mesmo sonhando com a redenção /Na luz do sol e na chuva /Eu tinha mordido a tua maçã/E adormeci na minha dor]

At last your betrayal /Cut clean, like a knife, /Yet the husk of my spirit/ Clung fiercely to life
[Afinal tua traição /Feriu-me como um punhal /Mas meu espírito pertinaz/ Agarrou-se altivo à vida]

At the edge of the World /The three sisters spin /And the price of my freedom/Is a knowledge of sin
[Nos mais distantes confins /As três irmãs ainda fiam /E o preço da minha liberdade /Foi conhecer o pecado]

— *Jane Lyle*

As Almas Gêmeas

E COMO EVITÁ-LAS

Se a lição for de amor,
Seja o coração o teu único mestre
— Friedrich Halm

Você ainda procura um amor perfeito, a sua outra metade? Encontrou sua alma gêmea e vive feliz com ela? Encontrou sua alma gêmea, mas deseja de todo o coração que a não tivesse encontrado? Conheceu, para sua surpresa, diversas almas gêmeas? Você não é o único. A resposta talvez esteja numa outra vida, num outro tempo. Este livro poderá ajudá-lo a compreender por que você procura uma alma gêmea com tanto empenho e por que tão poucos alcançam a ditosa experiência com que sonham. Ele lhe mostrará por que talvez seja melhor evitar inteiramente a alma gêmea, e lhe ensinará como ter de volta o coração que acaso tenha entregue a uma falsa alma gêmea. Poderá também ajudar a imaginar melhor o que deve ser uma alma gêmea, para atrair um verdadeiro amigo do coração.

Muitos se terão perguntado o que foi que atraiu, e prendeu, John Lennon num relacionamento não-convencional e simbiótico com Yoko Ono. A astróloga Pauline Stone (que foi casada com o pai de Lennon) o explicou do ponto de vista da psicologia:

> Talvez John se tenha dado conta de que Yoko era a encarnação perfeita da sua anima e de que, por meio dela, se completaria numa forma jamais acontecida nos seus relacionamentos anteriores com as mulheres.[1]

O próprio John o expressou de outra maneira:

> Antes de nos conhecermos, Yoko e eu éramos meias pessoas. Diz um velho mito que uma pessoa é uma metade e outra, seja no céu ou onde for, é a outra metade, como se fosse uma imagem dela no espelho. O fato é que éramos duas metades e hoje somos um todo.[2]

John acreditava que ele e Yoko eram a reencarnação de Napoleão e Josefina e de outros amantes famosos. Aos olhos dele, eles eram as duas metades de uma única alma, presas uma à outra para todo o sempre.

Duas almas com um só pensamento
Dois corações que pulsam como um só
— *Friedrich Halm*

ALMAS GÊMEAS

Pergunte o que se entende por alma gêmea e a maioria das pessoas responderá que é alguém que as faz sentir-se completas, a outra metade delas. A crença generalizada é que existe uma só alma gêmea para cada indivíduo e que, uma vez surgida em sua vida essa alma gêmea, ele terá tudo com que sempre sonhou. Viverá feliz para sempre. Para os que acreditam em reencarnação, a alma gêmea será alguém com quem se partilhou várias vidas, com certeza como amantes. De fato, as pessoas com freqüência afirmam sentir-se procuradas por suas almas gêmeas ao longo dos séculos. Os poetas têm peculiar capacidade para evocar esses amores passados:

Você já foi minha um dia —
Há quanto tempo eu não sei;
Mas assim que a andorinha voou

E você se virou para ver,
Foi como se um véu caísse — e o passado voltou.
— Dante Gabriel Rossetti

Outros também sentem o mesmo. Em *Bridge Across Forever,* o autor Richard Bach indaga: "Alguma vez vocês já sentiram saudades de alguém que nunca conheceram?"[3] E prossegue relatando como, durante muitos anos, buscou a alma gêmea com que sonhava, até encontrá-la e casar-se com ela.

O psiquiatra e terapeuta de vidas passadas Brian Weiss escreveu um livro, *Only Love is Real,* no qual conta como dois de seus pacientes, revolvendo o passado à procura de suas almas gêmeas, acabaram por encontrá-las um no outro:

> Em diferentes sessões de regressão, ambos voltaram exatamente às mesmas existências anteriores, porém vividas em diferentes perspectivas. Embora provenientes de ambientes completamente diferentes, e ainda que não houvessem jamais se encontrado, eles pareciam ter uma história em comum. Ao longo de várias existências pareciam ter-se amado e perdido o outro de vista repetidas vezes.[4]

Quando afinal se cruzaram na sala de espera, pareceu haverem trocado um olhar, não mais que isso. Não se reconheceram de pronto. O destino, contudo, fez a sua parte. Eles acabaram se encontrando e se apaixonando durante uma viagem de avião. Casaram-se e têm agora um filho. Como diz o poeta indiano Tagore:

Haveremos de construir uma ponte eterna
Entre dois seres que não se conhecem.
Essa suprema maravilha está no coração das coisas.[5]

Incontáveis pessoas, a um rápido olhar, perceberam que estavam destinadas a conhecer-se; seus olhos se cruzaram no salão e pronto... Como diz Shakespeare em *Como Queira:*

Teu irmão e minha irmã mal se encontraram, se entreolharam; mal se entreolharam, se amaram; mal se amaram, suspiraram; mal suspiraram, perguntaram-se por quê; mal descobriram por quê, trataram de buscar o remédio; e com isso edificaram dois degraus rumo ao matrimônio, os quais subirão incontinenti, para que nenhum deles, antes do casamento, se ponha incontinente.

Outros têm procurado empenhadamente seu verdadeiro amor. Muitos encontraram o que Brian Weiss descreve como "a bem-aventurança e felicidade profundas que vêm da certeza de que estarão sempre juntos, até o fim dos tempos".[6]

Porém...!

Ainda que o quadro possa ser esse e que você possa encontrar exatamente aquele que fará com que se sinta profundamente amado e realizado, mais de vinte anos de permanente exploração dos relacionamentos kármicos levam-me a crer que as coisas nem sempre são assim tão simples. Sim, já tive casais no meu consultório que, isoladamente ou em dupla, reviveram vidas e mais vidas em que estiveram juntos. Todos os detalhes se encaixaram. A interação ficou bem clara. Mas eram em regra casais que me haviam procurado por estarem com dificuldades em seu relacionamento. As almas gêmeas podem permanecer separadas por períodos que parecem uma eternidade. Mesmo quando se encontram, não se juntam necessariamente. Talvez se reconheçam mutuamente, mas também acontece rejeitarem-se. O karma é o ciclo de ação e reação. O que vai, volta. O karma é dinâmico; há quem precise conhecer uma miríade de aspectos do amor. Todos temos lições a aprender, de que a nossa alma gêmea participa voluntariamente; são as experiências que partilhamos.

O encontro com uma alma gêmea pode ser o prenúncio de uma nova vida, mas pode também significar a morte. O escritor Arthur Koestler, que durante vinte anos tivera um casamento feliz, ficou doente de súbito. Sofria de depressão, leucemia e mal de

Parkinson. Ele e a mulher, Cynthia, acreditavam que a eutanásia voluntária poderia evitar maiores sofrimentos. Koestler havia escrito num panfleto da Sociedade para a Eutanásia, *Guia para a Autolibertação:* "A eutanásia é um meio de reconciliar o indivíduo com o seu destino." Ele sentia que tinha chegado o momento de deixar a vida.

Cynthia, embora bem mais jovem do que Arthur, não queria que a morte os separasse. No inquérito descreveram-na como uma mulher devotada, que com ele e por ele vivia como esposa, companheira, secretária e dona de casa. Toda a vida dela estava ligada à dele. Não lhe era possível viver sem ele. Assim foi que morreram tranqüilamente, bebericando uísque com soníferos.

Por outro lado, a poetisa quase cinqüentona Elizabeth Barrett, uma mulher solitária, dependente do ópio, que há 25 anos vinha sendo consumida por uma doença pulmonar, reencontrou-se com a vida quando começou a cortejá-la Robert Browning, mais moço do que ela. Durante muito tempo ela mal saíra do quarto de dormir. Seu despótico pai proibira toda a prole de casar-se e não admitia que se namorasse debaixo do seu teto. Se um seu filho adulto tivesse de envolver-se sentimentalmente, que o fizesse em segredo. O namoro entre Elizabeth e Browning se fez de início por meio de cartas.

Ela já era então uma poetisa conhecida e muito respeitada e Robert, um poeta em ascensão. Elizabeth mencionou Browning num de seus poemas ("Lady Geraldine's Courtship"). O retrato dele já se achava então à sua cabeceira, o que permite concluir que já nascera sua atração por ele. Na verdade, um dos amigos de Elizabeth asseverou mais tarde que ela já amava Robert muito antes de eles se terem conhecido. É certo que, ao escrever-lhe a pretexto do poema em que ela o mencionava, Robert se declarou a ela. Não foi amor à primeira vista: foi amor por antecipação. Na primeira carta ele dizia: "Amo, sim, esses versos, de todo o coração, e a amo também." Ainda que se façam concessões ao florido estilo vitoriano, a declaração era muito direta. No dia seguinte, Elizabeth respondeu: "Agradeço-lhe, caro senhor Browning, de todo o coração." A ligação entre eles era claramente muito forte. Nos vinte meses que se seguiram, eles se escreveram 574 cartas.

Quando afinal se conheceram, aos cinco meses de sua correspondência, Elizabeth viu nele a personificação do homem ideal. A visita perturbou-a. Não conseguia dormir, apesar do ópio. Era incapaz de afastá-lo do pensamento — estranha sensação para uma mulher cuja vida emocional fora sempre muito resguardada (embora não lhe fossem estranhos os traumas da emoção; o afogamento de um irmão muito querido tinha sido o ponto de partida de sua prolongada moléstia). Robert, de seu lado, era muito mais franco. Estava apaixonado e o confessou na primeira carta que mandou a Elizabeth depois da primeira visita. Mais tarde, em outra carta, ele diria: "Meu coração haverá de lembrar-se." O coração teve importante papel no relacionamento deles, como de hábito acontece com as almas gêmeas. Os versos que primeiro os puseram em contato continham alusões ao coração:

Uma "Romã" de Browning que, cortada ao meio,
Põe à mostra um coração humano, tinto de sangue.
(Lady Geraldine's Courtship)

Anos após o falecimento de Elizabeth, Browning disse a uma mulher que o perseguia: "Meu coração está enterrado em Florença" (lugar onde repousa Elizabeth).

Poucos meses depois de se conhecerem, Elizabeth se transformara de uma virtual inválida numa pessoa capaz de se soltar; casar em segredo; viajar para a Itália com o marido, em cuja companhia viveria os próximos dezessete anos; e até mesmo dar à luz um filho. Foi o primeiro relacionamento amoroso de cada um deles. Depois da morte dela, Robert não voltou a casar-se. Permaneceu viúvo durante 28 anos. Como disse Elizabeth: "Se for a vontade de Deus, amar-te-ei ainda mais depois da morte."

Dessa união nasceu uma coletânea poética, *Sonnets from the Portuguese*. Nela se encontra o talvez mais conhecido verso de

Elizabeth: "Quanto ao meu amor por ti, dá-me enumerar-lhe o quanto e o como." Mas lá se encontra também um poema que, na primeira edição, chamou-se "Amor e Morte". É a escolha que Elizabeth tinha tido de fazer — permanecer debaixo do tacão do despótico pai e, inevitavelmente, consumir-se e morrer, ou assumir sua vida não-vivida, casar-se com sua alma gêmea e gozar o amor. E ela fez sua escolha: "Não a morte, mas o amor."

O que ela e Robert viveram foi um amor maduro no qual ninguém nada esperava ou exigia do outro. Como ela disse: "Se tens de me amar, faze-o tão-só pelo mesmo amor." Assim como tantos outros amantes, pretéritos e que vieram depois, eles se conheceram intimamente desde logo. Suas cartas revelam claramente que partilhavam pensamentos e sentimentos que dispensavam palavras, embora seja certo que as palavras são o alimento do amor. Mas o que estava por trás das palavras era o que mais lhes importava. Eles compartilhavam "intuições do coração". Não havia barreiras entre eles. Segundo Elizabeth: "Estou dentro dele e lhe ouço a respiração." E Robert disse: "Nós nos conhecemos há tempos e, ao que espero, por todos os tempos continuaremos a nos conhecer." Não obstante, eles conservaram suas individualidades e independência de pensamento. Não se perderam um no outro totalmente, mas se aceitaram mutuamente sem reservas. Um velho amigo lhes disse: "Se nos confins da Terra se houvesse de eleger uma união perfeita e exemplar, não se acharia par mais harmonioso."

Todavia, até mesmo esse casamento abençoado não ficou incólume a tempestades. Houve desentendimentos, principalmente devido à adesão de Elizabeth ao espiritismo, que Robert desaprovava. Elizabeth era propensa a depressões profundas, tanto quanto aos males físicos que, embora diminuíssem muito depois do casamento, não deixaram de atormentá-la. Ela foi profundamente afetada pela perda de importantes membros de sua família, e tentava consolar-se invocando-os em sessões espíritas.

Com isso, outra mulher entrou em cena. Não para Robert, mas para Elizabeth. Esta se rendeu ao feitiço de Sophie Eckley, "sua irmã no mundo espiritual", uma alma gêmea que a idealizou e idolatrou. Ambas tiveram em comum um mesmo interesse — o mundo dos espíritos —, mas sua amizade foi além. O amor delas foi declarado por cartas — um amor que, da parte de Sophie, de obsessivo transformou-se em mentiroso. Revelada a inautenticidade de Sophie como alma gêmea, Elizabeth foi obrigada a libertar-se. Ela escreveu-lhe uma carta de rompimento. Seu casamento com Robert se renovou. Mas talvez seja um eco de Sophie o que ouvimos nestes versos de Browning:

Quando duas vidas se juntam, surge amiúde uma cicatriz.
Elas são duas, com uma sombra de permeio;
Uma perto da outra, mas longe demais.

O eterno triângulo surge muitas vezes nos relacionamentos entre almas gêmeas, como veremos. Depois da morte de Elizabeth, Robert escreveu na Bíblia dela estes versos de *La Vita Nuova,* de Dante:

Certo estou de que desta vida me irei para outra melhor,
Onde mora a dama de quem minha alma se enamorou.

Claro que Dante foi mais um poeta que se inspirou numa alma gêmea. A divina Beatriz foi cortejada, adorada, mas nunca possuída. Ele a conheceu quando tinha nove anos, reencontrou-a aos dezoito, mas a lembrança dela o acompanhou pelo resto da vida. O amor idealizado que sentia por ela era a fonte de inspiração para a sua obra. Depois da morte dela Dante se casou, mas sua mulher não foi com ele para o exílio, o que faz supor que o casamento não tenha sido um relacionamento ideal.

A vida atual pode não ser o momento que o destino nos reserva para o reencontro. Talvez seja o momento de romper o relacionamento e partir para coisas novas; talvez seja hora de deparar com a "face negativa do amor". Contudo, não deixamos de ansiar pela alma gêmea. Como anteviu John Masefield, um antigo poeta laureado:

Sei que em minhas vidas vindouras
Meu tristonho coração vai doer e arder,
E adorar em vão
A mulher que eu costumava desprezar;
E vou tremer ao ver outro se apossar
Do amor que eu desprezava, do amor que ela me dava.

Nossa alma gêmea pode ser um "vampiro psíquico" que nos vem sugando as energias há séculos e continuará a fazê-lo enquanto nós lhe abrirmos a porta. Um conto gótico de horror talvez não seja a primeira coisa que vem à mente quando se pensa em almas gêmeas, mas no filme *Drácula de Bram Stoker,* Drácula amava sua mulher mais do que a própria vida. Eram almas gêmeas. Quando lhe contaram, falsamente, que ele havia morrido, ela se atirou no fosso do castelo. Ao saber da novidade, Drácula jurou vencer a morte e viver até que pudesse estar novamente com ela. Ele tornou-se, por sua própria vontade, um vampiro que se nutria do sangue de seres vivos, tirando-lhes a vida para preservar a sua. Era a sua maneira de vingar-se de Deus e da humanidade por permitirem que uma tal coisa acontecesse, e de conservar a própria alma até que se pudesse reunir novamente com ela.

Quando ela reencarna, ele se muda para a Inglaterra para ficar junto dela e procura atraí-la para o seu mundo. Fascinada com seu antigo amor, a quem reconhece no nível anímico, mas dividida entre o amor por ele e seu novo amante, somente a morte dele poderá salvá-la. Para viver, a moça é obrigada a tramar a saída dele deste mundo. Mas é uma escolha penosa. Não admira que a história de Drácula se tenha popularizado tanto ao longo dos anos. Ela encarna uma verdade preternatural: os não-mortos podem atormentar os vivos. O contato com uma antiga alma gêmea pode provocar o esvaziamento de uma vida. Mas, da mesma forma, um velho desejo de vingança pode manter vivo alguém ou alguma coisa. Um dia, talvez, também nós tenhamos de esquecer o passado para salvar nossa própria alma.

Nas minhas palestras sobre almas gêmeas, costumo perguntar quantos dos meus ouvintes estão à procura de sua alma gêmea.

Uma floresta de mãos se ergue. Pergunto, então, quem a encontrou. Muitas mãos se erguem. E à pergunta: "Quantos de vocês podem dizer com honestidade que são realmente felizes?", a maior parte delas baixa. E um bom número se reergue quando pergunto: "E quantos de vocês desejariam não ter jamais encontrado sua alma gêmea?" Depois da exposição de alguns casos reais, a maior parte dos caçadores de almas gêmeas muda de idéia.

Centenas de clientes meus me perguntam: "Encontrei minha alma gêmea, mas tenho vivido num inferno. Por quê?" Freqüentemente, eles me dizem: "Encontrei minha alma gêmea, mas ele, ou ela [acontece também com os homens], não quer saber de mim." Como se verá, um contato com uma alma gêmea numa vida passada não se repete necessariamente nesta existência. Talvez esse contato não faça parte da missão dessa alma. Como também se verá, o encontro com a alma gêmea nem sempre tem a finalidade que se imagina.

Freqüentemente, a alma gêmea conhecida em outra vida se modifica, assume uma outra personalidade. Ele ou ela, lamenta-se, já não são os mesmos. Claro que não. A obrigação de crescer e desenvolver-se é parte essencial deste processo. É o propósito da reencarnação. Nós nos reencarnamos a fim de que determinados padrões de comportamento sejam alterados, para nos tornar o oposto daquilo que fomos e reparar erros anteriores; ou aprender novas formas de ser e desenvolver o nosso outro lado. Assim é que alguém que numa outra vida foi nossa alma gêmea talvez já não sirva, talvez tenha voltado à nossa vida com outra finalidade. Se nos deixarmos levar pela "onda de luxúria" que com tanta freqüência acompanha o reconhecimento da alma gêmea, é bem possível que terminemos na cama com alguém com quem estávamos destinados a realizar algum tipo de trabalho, alguém junto a quem tínhamos uma missão a cumprir. Isso de ir para a cama com tal pessoa tanto pode não ter inconvenientes como tê-los, especialmente se uma das duas almas gêmeas já for casada. Dado que todos pertencemos a determinados grupos de almas, é possível nos ver às voltas com um relacionamento novo e diferente com uma antiga alma gêmea, que bem pode ser nosso(a) filho(a), pai, mãe, ou mesmo avô ou avó. Nesta hipótese, o relacionamento não poderá ser igual ao que foi antes.

A busca de uma alma gêmea, ou a lembrança de alguma ligação anterior, não raro põe a perder as ligações convencionais. A procura da perfeição é uma estrada de solidão e desamor. Aqueles que passam a vida a procurar sua alma gêmea e, no processo, a rejeitar outras ligações, deveriam ter presente que Platão, ao explicar as almas gêmeas, afirma que um ser se divide em dois, e que um e outro haverão de estar sempre empenhados numa busca recíproca. Ele não garante que elas irão reencontrar-se necessariamente, senão que, no correr de suas vidas, algo as direcionará para essa busca.

AS ORIGENS

No *Banquete* de Platão, em que explica a origem das almas gêmeas, Aristófanes afirma que os seres humanos eram originariamente duas pessoas num mesmo corpo, com duas cabeças e quatro braços e pernas. Cheias de si e auto-suficientes, vagavam pelo mundo em êxtase, prontas para o que desse e viesse. Sua arrogância não tinha limites, sua força e vigor eram formidáveis. Tanto que se atreveram a agredir os deuses. Por não querer destruí-los de pronto, Zeus (que era o Deus Supremo) partiu-as ao meio, diminuindo-lhes assim o poder e a felicidade, e as obrigou a passar vida após vida a desejar a metade perdida.

> *Cada uma das metades ansiava ardentemente por aquela de que tinha sido separada. Quando se encontravam, agarravam-se, enlaçavam-se, numa ânsia incontida de novamente se fundir e, despreocupadas de tudo o mais, acabavam por morrer de fome, pois nada mais faziam separadas uma da outra. Quando um dos componentes de um par morria e restava o outro, este tratava de buscar outro parceiro a que*

> *se agarrar, o qual, por sua vez, tanto podia ser a metade de um todo feminino (hoje chamado mulher), quanto a de um todo masculino.*[7]

Platão observa:

> *Remonta, pois, a essa época distante, o inato sentimento de amor que um ser humano alimenta por outro, e é esse amor que nos faz reverter àquele estado anterior, pelejando por fundir dois seres num único ser e curar as feridas que afligem a humanidade.*[8]

Essa é a origem das almas gêmeas.

É possível que Platão tenha baseado seu conceito de almas gêmeas num antigo mito egípcio. Quando Rá criou os primeiros seres-deuses, Shu e Tefnut (segundo eufemisticamente descreve a *Enciclopédia Larousse de Mitologia*: "sem o concurso da mulher"), tratava-se de um par divino. Foram seus filhos Geb, o Deus da Terra, e Nut, a deusa do Céu. Ambos estiveram originariamente intimamente unidos, como gêmeos siameses, sendo a um só tempo irmão e irmã, marido e mulher. Porém Shu, por ordem de Rá, os apartou violentamente um do outro e prendeu Nut no alto do Céu. Daí em diante, Geb permaneceu inconsolável e seu lamento se fez ouvir dia e noite. O corpo dele se transformou na Terra e o dela, no Céu. Costuma-se pintá-lo com um enorme pênis ereto apontado para ela. O desejo dele por ela é muito forte. Rá, que os fizera separar quando se casaram sem seu consentimento, proibiu-os de ter filhos. Porém Thoth, o astuto deus da sabedoria, concedeu-lhes cinco dias de luar, dias que não integravam o calendário oficial. Nesse interregno, Nut pôde conceber sua prole de cinco filhos e o desejo de Geb pôde ser saciado. Durante os restantes 360 dias do ano, eles ficaram separados.

OS SEXOS

Platão afirma que havia, de início, três sexos: o masculino, o feminino e o hermafrodita bissexuado. Cada homem foi dividido em duas metades masculinas, cada mulher em duas metades femininas, e cada hermafrodita numa metade masculina e numa metade feminina. As metades masculinas passaram então a procurar sua alma gêmea num outro homem, as femininas, numa outra mulher, e as partes hermafroditas, na união heterossexual. Sob essa ótica, uma alma gêmea não precisa necessariamente pertencer a um sexo diferente. Nos relacionamentos homo ou heterossexuais, as probabilidades de encontrar a alma gêmea são exatamente iguais.

AS MANIFESTAÇÕES

Na descrição que Platão faz do que aconteceu quando duas partes de uma mesma alma se reencontraram pode-se vislumbrar uma das maiores armadilhas da aventura das almas gêmeas. As duas se enamoraram a tal ponto e tornaram-se mutuamente dependentes que chegaram a morrer de fome. Em certa medida, foi o que aconteceu com Arthur Koestler e sua mulher. Ela não pôde prosseguir sem ele. Esse tipo de união total, contrariamente à crença popular, pode ser muito debilitante, o que torna necessário que uma das metades renuncie ao relacionamento para sobreviver.

Há muitos anos, conheci uma mulher numa festa. Ela nada sabia a meu respeito, mas passou o tempo todo a contar-me seus problemas de relacionamento. Dois dias depois ela bateu-me à porta. "Não sei o que você faz", disse ela, "mas, seja o que for, sei que preciso de você agora." Quando expliquei que às vezes fazia algumas pessoas regredirem a vidas passadas para poderem compreender o que se passa nesta existência, ela disse: "É isso! Faça já!" Ela não me quis dizer o porquê, para não influenciar o meu comportamento, de modo que passamos diretamente à regressão. Uma das induções que costumo usar é abrir uma porta de entrada para a outra vida. Mal ela a atravessou, soltou um imenso suspiro de alegria:

> Hummm... Estou num jardim belíssimo. Tudo aqui é tão tranqüilo... Ouço abelhas zumbindo em torno das flores e pássaros cantando. Estou sentada debaixo de uma macieira, a olhar para o jardim. Vejo ao longo uma casinha. É o meu lar. É linda, absolutamente perfeita. Que vida feliz a minha!
>
> Agora estou à espera do meu marido. Estamos casados há apenas um ano. Aí vem ele [há grande excitação em sua voz]! Gosto muito dele. Somos muito felizes. Ei-lo que chega e me beija. Nós nos sentamos no jardim para tomar chá. A vida é uma maravilha.

Como sou um tanto cética e achei que aquela regressão estava perfeita demais — uma ilusão, quem sabe? —, pedi-lhe que avançasse no tempo:

> Com o passar dos anos, nosso amor só aumenta. Estamos felicíssimos e inteiramente contentes um com o outro. Não temos filhos, mas não precisamos deles. Temos um ao outro.

Logo depois, eu a fiz avançar até a sua morte:

> Estou na cama. Logo vou morrer. Sentado ao meu lado, ele me segura a mão. Ele quer que eu fique em sua companhia para sempre, mas sei que é hora de ir. Ele me beija e eu adormeço. Nunca mais desperto.

Perguntei-lhe se faltava alguma coisa: "Não", respondeu ela. "Já sei o que eu queria descobrir."

Quando eu a trouxe de volta da regressão, seu comentário foi este:

Sabe de uma coisa? Era tudo tão perfeito, tão maravilhoso... e tão aborrecido! Não aprendi nada. Não cresci. Nada fiz na vida. Eu achava então que o amor era tudo, mas não era. Agora lhe direi por que eu queria a regressão. Conheci um homem que me parece perfeito. Nós nos damos muitíssimo bem. Ele quer casar e viver comigo pelo resto da vida. Parecemos almas gêmeas. Mas acontece que eu não quero. Não sei por quê. É o que eu sempre quis na vida. Mas agora eu sei. Ele é o homem da minha vida. Eu me aborreceria intoleravelmente. Quero um relacionamento que me faça crescer.

A experiência me ensinou que uma regressão a uma vida passada nem sempre mostra uma existência real, verdadeira; é uma verdade simbólica e psíquica. É a maneira pela qual a alma nos comunica aquilo que nossa psique já viveu e segue vivendo em algum nível. Aquela mulher tinha vivido um amor de verdade, mas isso não bastava. No seu íntimo, ela sabia que essa experiência com uma alma gêmea, que ela tanto desejava, só poderia acontecer a partir da sua própria integração interior, e não poderia vir senão dela mesma.

Todavia, com o tempo ela se esqueceu disso. Sua necessidade de companhia se tornou tão forte que ela se casou com um homem que cuidava dela a ponto de pendurar as roupas que ela despia e, até mesmo, retirar para ela a parte de cima dos ovos quentes que ela ia comer. Ele era aposentado e eles faziam tudo juntos. A princípio, foram um venturoso par de almas gêmeas, segundo ela. Depois de poucos meses de casamento, ela subia pelas paredes. "Não dá para agüentar. Sinto-me sufocada, não tenho vida própria. Preciso sair disso. A vida não pode ser assim." Ela precisava, de novo, procurar seus caminhos.

São numerosas as provas de que ninguém tem uma única alma gêmea. Todos temos diversas almas gêmeas com as quais mantivemos diferentes relacionamentos no passado. A regressão a outras vidas mostra que assumimos variados papéis dentro de grupos anímicos aleatoriamente constituídos e que qualquer dos integrantes desses grupos pode, no reencontro, mostrar-se tanto uma nossa alma gêmea quanto um irreconciliável inimigo. O relacionamento pode também implicar a troca de papéis, como também pode o ser amado retornar sob novo disfarce:

> *Falando através da criancinha que tinha nos braços,*
> *Eis que novamente ela ouve a voz adorada:*
> *"Sou eu, mas não conta nada a ninguém!"*
>
> — *Victor Hugo*

As almas gêmeas não são exclusivamente isto ou aquilo. Tanto podem ser maravilhosas como terríveis, quando não ambas as coisas a um só tempo. Podem também começar como uma jubilosa experiência e terminar como uma traumática praga. Vez por outra, ocorre o contrário. Depois de um início traumático, o par acaba encontrando a paz. Pode ser que uma das metades do par reconheça primeiro a outra e faça tudo o que estiver ao seu alcance para ajudá-la a perceber quem é. Muito freqüentemente, uma tem de dar seu apoio à outra em situações altamente destrutivas, e aprender, ao longo do processo, que ninguém vive por outra pessoa. Às vezes deparamos com uma falsa alma gêmea ou com uma da qual queremos nos livrar. Muitas vezes, contudo, nos quedamos apanhados num modelo repetitivo de interação, prisioneiros de uma engrenagem kármica. Entramos num dado relacionamento porque jamais deixamos de nos relacionar e assim, sucessivamente, em outro e mais outro. A situação se afigura confortável por nos ser muito familiar. Vem o tempo, contudo, em que teremos de mudar de modelo, abandonar o que já conhecemos. Outras vezes os papéis se alternam; o perseguidor se transmuda em vítima e a vítima em perseguidor, vida após vida. Ressarcimento e reparação são um ciclo sem fim. Uma vez mais, temos de sair, de romper o ciclo do passado.

... E COMO EVITÁ-LAS?

Por que haverá alguém de querer evitar sua alma gêmea? Afinal de contas, não se trata precisamente da pessoa que irá tornar completa a nossa vida — que irá trazer-nos a felicidade que sempre estivemos a buscar? Talvez sim, talvez não. Se, por um lado, são desejáveis os contatos positivos com almas gêmeas, não poucas vezes nos ocorre deparar com uma falsa alma gêmea que só traz destruição à nossa vida. Talvez isso faça parte dos desígnios da nossa alma. Talvez signifique que nos encontramos prisioneiros de um padrão repetitivo. Fugir desse padrão nos propicia a oportunidade para reavaliar a participação que nele tivemos. Estaremos nos rendendo cegamente ao passado, ou será que agora poderemos seguir em frente e crescer?

Se você facilmente se deixa dominar pela luxúria, acreditando que se trata de amor de verdade; se se pergunta se está ou não embarcando mais uma vez em canoa furada; se não é capaz de compreender por que a sua alma gêmea não quer saber de você, é bom que, por ora, trate de aprender a evitar relacionamentos com almas gêmeas. Saindo fora do padrão, respirando fundo e indagando se se trata de amor verdadeiro ou de uma simples reação reflexa, você poderá, em vez de mergulhar de cabeça noutro desastre, discernir melhor o porquê da sua atração por certa pessoa. Poderá identificar os padrões por trás da sua necessidade emocional pela outra metade. Com o tempo, será capaz de encontrar dentro de si próprio essa outra metade. O fato de entrar num relacionamento como uma pessoa integral muda por completo o resultado. Sempre que a busca deixa de ser ditada pela necessidade, cresce a probabilidade de encontrar o verdadeiro amor.

A experiência com almas gêmeas é muito mais vasta do que faz supor a crença popular. Meus clientes e eu temos explorado tão numerosas facetas da experiência com almas gêmeas nos últimos 25 anos que sinto chegado o tempo de partilhar com mais profundidade o enigma da conexão dessas almas. No fazê-lo, utilizarei históricos verídicos, porém mudando, em respeito à privacidade dos meus clientes, os seus nomes e omitindo certos detalhes irrelevantes. Selecionei tais históricos porque as experiências que eles corporificam repetiram-se inúmeras vezes nos processos de regressão de clientes, bem como no seu cotidiano. Essencialmente, trata-se da história de todos nós. Essas tramas constituem uma parte da jornada da alma. Em última análise, é nos relacionamentos que encontramos em outro o nosso eu. Eles são o espelho do nosso ser.

> *Teu encontro com o parceiro ensina-te quem tu és,*
> *e não a quem tens de evitar.*
>
> — *Tom Bridges*[9]

Meus clientes integram todos os setores de atividade: medicina, direito, forças armadas, ciência, ecologia, assistência social, magistério, comércio. Há um ou dois cantores populares, atrizes e atores, professores universitários, psiquiatras, psicoterapeutas, jornalistas, escritores, previdenciários, aristocratas, diplomatas e até um parlamentar. Você encontrará aqui as histórias deles, juntamente com as de figuras públicas e, provavelmente, a sua própria história. A experiência com almas gêmeas é universal e perpétua.

SUA ALMA GÊMEA

AMIGA OU INIMIGA?

O medo e o ódio são os mais poderosos ímãs para atrair quem tem contas a ajustar.

— *Pauline Stone*[10]

O QUE É UMA ALMA GÊMEA?

Almas gêmeas, chamas gêmeas, almas sócias, almas companheiras, almas irmãs. Muitas palavras se usam para descrever esses seres que nos fazem sentir tão bem que se diria termos estado esperando por eles por toda uma vida — ou vidas. Que vem a ser afinal uma alma gêmea? Bem, de uma rápida leitura de três sucessos de livraria, recolhi três descrições bastante assemelhadas a propósito do tema.

Em *Soulmates,* Thomas Moore vê como alma gêmea alguém a quem estamos profundamente ligados, mais por graça divina do que por um ato de vontade nosso.[11]

Em *The Bridge Across Forever,* Leslie Bach (mulher do escritor Richard Bach) descreve a alma gêmea como a dona de um cadeado cuja chave está em nosso poder, enquanto, em contrapartida, nós somos o dono de um cadeado cuja chave está em poder dela. Com essa pessoa podemos ser nós mesmos. Ela faz ressaltar o que temos de melhor. Com ela partilhamos nossos desígnios, diretrizes e desejos mais recônditos.[12]

Em *Only Love is Real,* Brian Weiss diz que a alma gêmea é alguém que atravessa o tempo para estar conosco, alguém a quem reconhecemos por instinto, alguém a quem estamos ligados para toda a eternidade.[13]

Gordon Craig disse da exótica dançarina Isadora Duncan, sua alma gêmea que conheceu em 1904:

> Nosso encontro foi, acima de tudo [...] um maravilhoso estar juntos [...] Suponha-se que se tenha estado certa vez com a outra metade, num mundo maravilhosamente perfeito. Suponha-se que, com o passar do tempo, esse mundo se tenha dissolvido e que se tenha então acordado num outro mundo, no qual não estava a outra metade. Era preciso enfrentar a nova existência o mais alegremente que se pudesse [...] Subitamente, acontece algo maravilhoso [...] Lá está a outra metade; depois de muitos séculos, transpondo montanhas, cruzando rios e mares, ela encontrara seu caminho. E ei-la aqui ao lado. Não é fantástico? [...] quanto choro no reencontro![14]

A respeito desse encontro com Craig em Berlim, Isadora afirmou que a noite toda pressentira fisicamente a presença dele (ele estava na primeira fila do auditório). Terminado o espetáculo, "aconteceu uma coisa linda". Mas Craig estava zangado e a acusou de roubar seu cenário e suas idéias, dizendo que ela era a "realização viva" de todos os seus sonhos. Isadora retrucou que os desenhos eram seus e que os havia inventado aos cinco anos de idade. Mas Craig insistiu que eram dele e que ela era a corporificação do ser de sonho para o qual os criara. O mistério aparentemente se esclareceu quando ela descobriu que ele era filho de um de seus ídolos de infância, Ellen Terry, seu ideal de feminilidade. Craig queria afastá-la da família para poder estar com ela. "Como que hipnotizada", ela deixou que ele a ajudasse a colocar o casaco e a levasse dali. Chegados ao estúdio de Craig, diz ela:

> Inflamada por um súbito amor, atirei-me em seus braços com toda a intensidade de um temperamento reprimido que havia [...] esperado muito tempo para se manifestar [...] Nele eu havia encontrado a carne da minha carne, o sangue do meu sangue [...] Deslumbrada por sua beleza, aproximei-me, agarrei-o, derreti-me. Como chama com chama se soma, ardemos num só fogo. Cá

> estava por fim o meu par, o meu amor, o meu eu — pois não éramos dois, mas um só, esse ser espantoso de quem Platão diz no Fedro [*sic*]: "duas metades de uma única alma" [...] Era o encontro de duas almas gêmeas.[15]

Esta é a visão mais comum acerca das almas gêmeas: uma e uma só alma que faz com que nos sintamos completos para sempre. Um par acorrentado por toda a eternidade; um relacionamento ideal — ou idealizado. Poucas semanas depois de conhecer Gordon Craig, Isadora descobriu que estava destinada a tentar conciliar a continuidade de sua própria carreira com o amor dele, uma inimaginável combinação. Foi com êxtase que ela descobriu que estava grávida. Craig ficou infeliz: "Meu trabalho, meu trabalho", lamentava-se em desespero. A criança trouxe a ela grande alegria, a ele tristeza. Apesar do amor que tinha por ele, Isadora sabia que teriam de separar-se. Algumas almas gêmeas descobrem que lhes é impossível viver juntas.

Na minha óptica o melhor é definir a alma gêmea como: "*uma companheira que nos ajuda a crescer*".

O crescimento é coisa que pode envolver algumas lições realmente duras, como se verá, e nossa alma gêmea poderá ser aquela pessoa que nos mostre o caminho para o inferno, não para nos punir, mas para nos fazer aprender. Como disse um dos meus clientes: "Nossa alma gêmea é alguém que aqui está para nos ensinar a mais dura das lições."

Prefiro vê-la como alguém que nos ajuda a aprender uma lição difícil e não como um puro e simples professor. E acrescentaria que alma gêmea é uma pessoa que nos ama o suficiente para nos fazer passar por situações dolorosas e nos assistir na dificuldade. Muitas almas gêmeas encontraram sua outra metade ainda a tempo de ajudá-la durante uma doença grave ou acompanhá-la até o fim. As regressões à fase de planejamento que antecede a reencarnação deixam claro que essas lições são com freqüência, mas nem sempre, conscientemente procuradas. É também claro que os membros do nosso grupo anímico concordam em participar do aprendizado conosco (todos temos muitas almas gêmeas). Todavia, nós geralmente esquecemos tudo isso quando reencarnamos. Não obstante, é também de ver que outras pessoas podem envolver-se inconscientemente nos nossos dramas da alma e portar-se à altura. Talvez sejam almas gêmeas, mas reconhecê-las como tal é falso e prematuro. Encontrar uma falsa alma gêmea pode ser pouco mais ou menos como alimentar os receptores cerebrais de endorfina com chocolate, valium e outras coisas. Durante algum tempo o organismo se deixa enganar, mas logo fica claro que a falsa alma gêmea é muito mais uma criadora de dependência do que uma alentadora fonte de vida.

Nossas expectativas secretas também têm o seu papel. Nós atraímos aquilo pelo que esperamos, e isso nos agrada ainda que venhamos a comer o pão que o diabo amassou. Como o medo, o ódio, a ira e os ressentimentos antigos são poderosos elementos para a atração recíproca, eles nos reaproximam para que histórias inacabadas de vidas passadas se completem. Não existe alma gêmea capaz de atender a todas essas necessidades. Tampouco é necessariamente para sempre o relacionamento com determinada alma gêmea. Ele dura apenas o que for preciso.

ONDE TUDO COMEÇOU?

A resposta a esta indagação, na melhor das hipóteses, só pode ser simbólica. Na pior, pode aumentar a confusão. A experiência me diz que as palavras não fazem senão limitar a nossa compreensão. Nada lhe acrescentam. Já tratamos da opinião de Platão (ver Figura 1). Podemos examinar também outras idéias esotéricas acerca das múltiplas facetas da alma.

Em certas escolas do hinduísmo existe o conceito de uma "Mente Suprema" e que se subdivide em diversas facetas na reencarnação (ver Figura 2). Essas facetas são como que marionetes controladas pela Mente Suprema, de modo que esta absorve a experiência que

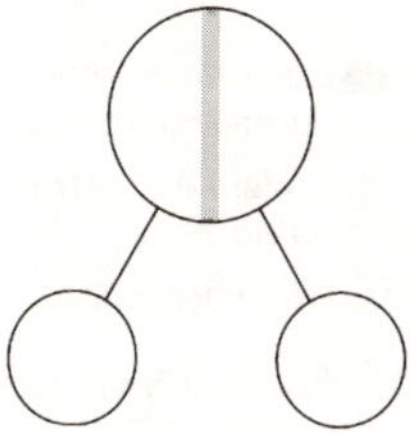

Figura 1. Almas Gêmeas

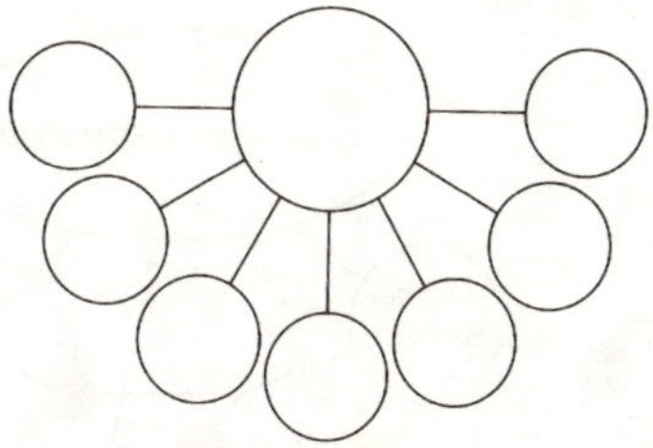

Figura 2. Mente Suprema e suas Almas-Satélite

elas adquirem. Quando duas dessas facetas se encontram, são atraídas uma pela outra e se sentem como almas gêmeas. Quando se afastam da roda da encarnação, ao voltar para a Mente Suprema carregam consigo tudo quanto aprenderam.

Segundo a Tradição Ocidental dos Mistérios, um "fundo" de essência espiritual contém o todo. Um pedaço dele se "desprende" — o grupo anímico — e continua a subdividir-se em almas individuais. Todavia, pode acontecer que os pedaços voltem a unir-se e a reunir-se, partilhando então tudo quanto tenha sido aprendido (ver Figura 3). Trata-se do entrelaçamento das ligações anímicas. Cada uma das partes dessa teia sentir-se-á como uma alma gêmea, algumas delas mais fortemente, dependendo do seu grau de afastamento do tronco original de que provieram e das experiências que tiveram em vidas anteriores. Assim é que a alma A e a alma B provavelmente se reconhecerão, sentindo-se então como almas gêmeas. G e H serão almas companheiras, uma encarnada e a outra a dirigi-la desde uma outra dimensão. E e F provavelmente se sentirão como almas gêmeas, caso se encontrem. Porém C e D farão o mesmo? Elas fizeram um longo trajeto a partir do fracionamento inicial. Em razão de experiências anteriores, talvez se sintam figadais inimigas. O amor e o ódio são as duas faces de uma mesma moeda. Existem almas que jamais reencarnarão neste mundo. Elas atuam como guias ou almas companheiras. Pessoalmente, é o que eu acho que é mais útil.

Figura 3. O Grupo Anímico

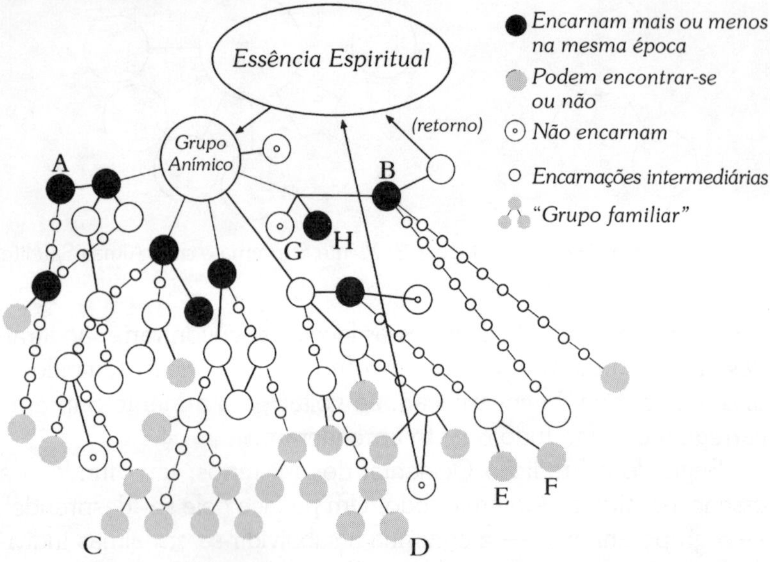

É verdade que nem todas as pessoas que encontramos fazem parte do nosso grupo anímico; mas, em geral, todos os contatos importantes, passageiros ou duradouros, acontecem dentro do grupo. Nesse contexto, nossos pais ou parentes menos próximos, amigos ou parceiros, podem ser ou não do mesmo grupo. Tudo depende da influência deles sobre nós. Pode-se escolher uma família em função da herança genética ou emocional e não da conexão anímica — embora seja comum encontrar na família ao menos um membro do nosso verdadeiro grupo anímico que nos protege nos primeiros anos de vida. É possível ser atraído por um parceiro porque ele, ou ela, encarna padrões e traços com os quais temos grande familiaridade. Ele (ou ela) se mostram, na hipótese, muito à vontade e muito seguros de si, embora só na aparência. O trabalho de regressão torna também óbvio que podemos pertencer a mais de um grupo. Algumas pessoas atuam como elos entre grupos e, se reconstituirmos suficientemente as ligações, talvez descubramos que dois grupos aparentemente díspares são, na realidade, um só.

COMO RECONHECER UMA ALMA GÊMEA?

> *Ergui os olhos, e Linda entrava na sala. Nossos olhares se cruzaram e algo aconteceu entre nós... Ela é o mais atencioso, amoroso e prestativo dos seres humanos... Ela era, é e será sempre a mais maravilhosa amiga e parceira que se pode desejar.*
>
> — *David Icke*[16]

- Seus olhares se cruzaram num salão?
- Seu coração palpitou?
- Você teve instantaneamente a impressão de que estava reconhecendo alguém?
- Sentiu que um amor avassalador tomava conta de você?
- Sentiu uma antipatia imensa e inexplicável?
- Sentiu vontade de correr para algum lugar, qualquer lugar?
- Pareceu-lhe que um grande ímã o puxava irresistivelmente?
- Sentiu uma onda de luxúria? Ou de repulsa?
- Alguém lhe ocupa os pensamentos o tempo todo?
- Foi particularmente apegado a algum dos seus progenitores?
- Quando alguém morreu, sentiu que havia perdido uma parte de si mesmo?
- Sente como se estivesse sendo castigado por alguém?

- Deseja compulsivamente estar com determinada pessoa, aconteça o que acontecer?
- Acha que vai morrer se tiver de separar-se?

Se duas ou três das suas respostas foram afirmativas, tudo indica que terá encontrado uma alma gêmea. Eis algumas descrições típicas:

Vi de relance esse homem; um olhar apenas. Passei o resto da vida tentando me encontrar com ele. Sei que fomos feitos para estar juntos.

Por um instante, entrevi-lhe a nuca, na rua. Eu sabia que aquele era o homem com quem iria me casar. Por fim, nos conhecemos. Casamos quase que imediatamente. Todavia, o relacionamento não tem sido fácil.

♥

Eu estava em férias. Vi-o sentado à mesa, num café. Eu sabia que iria falar com ele. De repente, entrei em pânico. E se estivesse enganada? Só para ter certeza, saí para um longo passeio, dandolhe tempo para ir embora. Quando voltei, ele veio direto até mim. Conversamos por horas e horas, e nunca mais nos separamos.

♥

A vida toda procurei uma pessoa, a mulher ideal. Quando conheci minha esposa, tive a certeza de que havia encontrado essa pessoa. Mas ela agora quer se divorciar. Por quê?

♥

Saí com ela na minha juventude. Por algum motivo, não consegui esquecê-la. Um belo dia, encontrei-a na rua e agarrei-lhe a mão. Foi o que bastou. Simplesmente, não consegui deixá-la ir embora. Começamos um apaixonado relacionamento amoroso. Separei-me da minha esposa, mas essa mulher não quis abandonar o marido. Ainda não sou capaz de deixá-la. Nós nos encontramos sempre que possível. Amo-a demais. Por que minha alma gêmea me trata dessa maneira?

♥

A primeira vez que eu o vi, meu coração bateu forte. Senti-me enjoada e minhas pernas tremeram. Senti-me aterrorizada por aquele homem, embora nunca o tivesse visto na vida. De repente, me vi casada com ele. Eu nunca soube com certeza o que aconteceu. Foi como se eu estivesse hipnotizada.

♥

Por mais que eu tentasse, homem nenhum se comparava com o meu pai. Minha mãe tinha muito ciúme do nosso relacionamento. Eu sentia que ela me odiava. Durante uma regressão, descobri que tinha sido casada com o homem que era agora o meu pai. Eu o possuíra antes. Não é de admirar que ela tivesse tanto ciúme.

♥

Freqüentemente, o "amor à primeira vista" inclui o sentimento de que os envolvidos se conhecem desde sempre. Podemos parar, tentar raciocinar ou fugir do assunto. Mas, inevitavelmente, acabamos enredados num relacionamento. E, com a mesma freqüência, o relacionamento se torna difícil à medida que entendemos as lições para as quais fomos unidos ou que incidimos na repetição de antigos padrões de comportamento. Da mesma forma, podemos nos sentir compulsivamente atraídos por alguém que sabemos será ruim para nós. Ao primeiro encontro, sentimos um temor ou uma raiva inexplicáveis. Mas, de algum modo, acabamos nos envolvendo. Almas gêmeas não são somente aquelas pessoas que gostam muito de nós. Talvez tenhamos de aprender a compreender e perdoar na interação com uma velha alma gêmea que tem motivo para nos odiar, ou que nós temos motivos para temer.

Ilustração: O Primeiro Encontro

Podemos também deparar com as mesmas lições ou padrões convivendo com alguém que não seja nosso amante. Talvez seja um amigo, um patrão, um membro da família. Todavia, nos sentimos tão bem quando nos encontramos... Como é possível repetir as mesmas desavenças, o mesmo tipo de relação pai-filho, os mesmos jogos emocionais em tão variados contextos? A resposta bem pode estar no passado, nos nossos contatos anteriores ou nas expectativas que trazemos conosco para a vida presente.

A intensidade da experiência, conjugada com o fato de que a memória jamais se apaga, é que constitui a chave para o reconhecimento de uma verdadeira experiência anímica.

A EXPLICAÇÃO PSICOLÓGICA

A psicologia tem uma solução para o enigma das almas gêmeas. Do ponto de vista psicológico, cada pessoa tem um ser interior — anima ou animus, dependendo de tratar-se de homem ou de mulher. O ser interior é de sexo diferente do corpo que habita. Ele contém todos os ideais do sexo oposto que interiorizamos (bem como um certo número de qualidades menos desejáveis). Quando encontramos alguém que personifica exatamente essas qualidades, nós o reconhecemos e dizemos: eis aqui minha outra metade. Em outras palavras, a alma gêmea é uma projeção dos nossos mais íntimos desejos, fantasias e expectativas; é a própria encarnação do amante dos nossos sonhos.

Enquanto a projeção se mantiver e a outra pessoa não forçar sua entrada em cena, estaremos satisfeitos. Porém, não tão logo ela se torne um indivíduo, uma outra pessoa, a desilusão será certa. Ela terá deixado de ser perfeita por ter deixado de ser o reflexo do nosso ideal. Com uma boa virada, passa a refletir as qualidades indesejáveis ou desconhecidas das quais vínhamos tentando, de longa data, nos esquivar. Embora a alma gêmea nos possa oferecer uma irresistível oportunidade de autoconhecimento, há quem resista a isso com todas as forças. É que sentimos que ela nos traiu, em vez de reconhecermos que aquilo que procurávamos era uma fantasia, era o nosso eu interior.

ASTROLOGICAMENTE FALANDO

Existe uma explicação astrológica para as almas gêmeas. O mapa astrológico é um retrato de nós mesmos. É um momento que foi congelado no tempo: o do nosso nascimento. Ele descreve a dinâmica interior, as expectativas e o passado da pessoa. Muitas são as suas dimensões. Alguns astrólogos ocupam-se de vidas passadas — é a astrologia kármica; outros, apenas da vida presente, mas todos falarão sobre como vemos o amor e sobre o que queremos dos relacionamentos. São coisas indicadas pela posição dos planetas e pela forma em que interagem entre si. Com muita freqüência, o mapa vai mostrar que alimentamos sentimentos conflitantes em matéria de amor. Uma parte de nós espera uma coisa, outra uma coisa muito diferente. Somos todos caracteres complexos.

Embora o mapa natal seja único (somente os que nascem no

mesmo momento e no mesmo lugar têm o mesmo mapa), os mapas podem revelar certas semelhanças. Os planetas podem ter o mesmo relacionamento interno, podem se relacionar da mesma maneira ou residir na mesma casa. Não é necessário entrar aqui em minúcias. Se porventura o nosso mapa for semelhante ao de outra pessoa, dependendo do número de pontos de contato, disso poderá nos advir a sensação de que conhecemos por dentro essa pessoa.

Certa vez, trabalhei para o meu gêmeo astrológico (alguém nascido no mesmo dia, mas em local e momento ligeiramente diferentes) durante alguns meses, sem encontrá-lo pessoalmente. Ele me deixava recados em código e me telefonava com pressa de cabinas públicas; mas, de alguma forma, o trabalho foi feito. Eu sabia instintivamente o que ele precisava. Ninguém mais seria capaz de compreender como a coisa funcionava. Conhecemo-nos pessoalmente no nosso dia de aniversário. Conversando, percebemos que nossas vidas tinham sido parecidas e que tínhamos em comum muitos interesses. Nossa atitude diante das coisas era a mesma. Víamos a vida pelo mesmo prisma, o que não era de surpreender do ponto de vista astrológico, já que nossos mapas eram quase exatamente iguais. Pequenas diferenças eventuais entre nós explicavam-se porque havíamos nascido em instantes diferentes, causando ligeiras diferenças nos mapas. Fomos amigos íntimos durante muitos anos e nos sentíamos como duas almas gêmeas. Jamais conheci alguém que me compreendesse tão bem. Ele sabia o que me tocava o coração e eu sabia o que tocava o dele.

Existem também certas características mais gerais que podemos ter em comum com outras pessoas. Os nativos do mesmo signo solar encaram a vida da mesma maneira. Suas naturezas são iguais. Os arianos, por exemplo, são indivíduos fogosos que encaram a vida de frente. São de temperamento explosivo, mas se acalmam rápido. Dois arianos juntos podem ser como carneiros a chifrar-se, tanto quanto podem ter o mesmo interesse apaixonado pela vida e um pelo outro. Se o posicionamento lunar for o mesmo, os sentimentos serão semelhantes e iguais serão as respostas emocionais à vida. Poderá haver também certas características hereditárias comuns, porque a Lua corresponde também ao passado e à herança genética. Se o posicionamento venusiano for o mesmo, as coisas que se buscam nos relacionamentos sempre serão sensivelmente as mesmas. O amor será encarado da mesma forma. Assim, aqueles que conosco tenham em comum essas características nos parecerão familiares. Quanto mais ligações houver, quanto mais aspectos do nosso mapa forem iguais aos de determinada pessoa, tanto mais parecerá que conhecemos essa pessoa.

Combinando os mapas de dois amantes saberemos como o relacionamento vai funcionar e o que cada um vai trazer para o relacionamento. Nos relacionamentos entre almas gêmeas ocorrem invariavelmente certas ligações astrológicas. Os planetas pessoais de uma pessoa, particularmente o Sol, a Lua e Vênus, tendem a entrar em contato com planetas como Netuno no mapa da outra pessoa. Netuno tem poucas fronteiras, o que traduz a necessidade de fusão com outras pessoas. É possível que se partilhe dos mesmos pensamentos e sentimentos mesmo não se estando juntos. Nós nos sentimos como se estivéssemos na pele da outra pessoa. É a personificação do amante dos sonhos. O contato com Netuno pode nos deixar enfeitiçados, hipnotizados, iludidos ou desiludidos.

Quando alguém afirma: sei que esta é a minha alma gêmea, isto é sinal de que há pelo menos um contato, provavelmente mais que um, com Netuno. Como astróloga kármica, penso que esses contatos revelam que essas pessoas mantiveram relacionamento íntimo no passado. Não admira que hoje se sintam tão próximas uma da outra. É claro, porém, que no mapa podem existir muitas outras coisas que revelam que, desta vez, elas não planejaram estar juntas. Podem estar empenhadas em diferentes tarefas e alimentar propósitos diversos. Pode haver nos mapas contatos com Urano. Urano é elétrico, magnético — e caótico. É o planeta da liberdade e da mudança. É também o planeta do gozo sexual. Mas a capacidade de cada alma dependerá de outros fatores do mapa natal. Quando temos fortes contatos uranianos com alguém, uma das questões em pauta será sempre "prendo-me a este relacionamento ou procuro satisfazer-me em outra parte?" Urano gosta de manter abertas todas as portas. Plutão é diferente. Plutão, o planeta do poder, gosta de ser simbiótico e obsessivo. Os contatos com Plutão são muito mais difíceis de romper, mas podemos nos sufocar sob o seu peso se não tomarmos cuidado.

Pode ser doloroso encontrar uma alma gêmea como essa e ter de passar ao largo. Por outro lado, pode haver vários aspectos indicando que, por mais problemático que o relacionamento se afigure, as pessoas estão, sim, destinadas a ficar juntas. Saturno, o senhor do karma, gosta de certezas e limitações. Com Saturno sabe-se onde se pisa: "Temos de passar por isto; até parece promessa" — é a reação mais comum aos contatos com Saturno. Este planeta é a cola que cimenta os relacionamentos ou o grilhão que nos junge, dependendo de como se veja a coisa. Mais adiante neste livro aprofundaremos ainda mais a análise de como a astrologia pode lançar luz sobre os relacionamentos.

O SEXO E OS CHAKRAS

Os chakras são centros energéticos situados ao longo da espinha dorsal, partindo do chakra da base, o primeiro, e chegando ao chakra da coroa. Esses centros constituem o elo entre o corpo físico e os níveis mais sutis do nosso ser. Eles se situam no caminho da kundalini, a energia que sobe quando abrimos nossas comportas espirituais ou sexuais. A kundalini é o fogo interior, a um só tempo energia sexual bruta e força espiritual que repousa até ser acordada, no chakra da base. Os iogues orientais sempre sublinharam a importância de um preparo adequado antes que a kundalini seja despertada, caso contrário as conseqüências serão terríveis.

Os chakras desempenham um papel importante nos relacionamentos anímicos. O chakra da base e o segundo chakra estão intimamente ligados aos órgãos sexuais e podem ser abertos por meio do relacionamento sexual. Com o parceiro certo, todos os chakras se abrirão e a kundalini fluirá durante a relação sexual, gerando uma verdadeira união entre os níveis físico, mental e espiritual do ser — o casamento místico.

Com um parceiro sexual de uma vida passada ou com uma falsa alma gêmea, só os chakras de base vão iluminar-se, mas a kundalini poderá inflamar-se. Um tratado sobre o Tantra afirma que a kundalini provavelmente será estimulada e despertada pelo contato sexual à medida que as energias vitais se amalgamem. Esta é uma experiência inconfundível. Há uma maré alta de "fogo líquido" que é ao mesmo tempo quente e fria, iluminadora e embriagante. É uma sensação eletrizante que quase paralisa, tirando o fôlego e abrindo todo o ser.[17]

Não obstante tudo o que a Igreja, e outros, têm ensinado ao longo dos últimos dois mil anos, essa energia sexual tem seu lugar na obra espiritual e bem pode ser a razão pela qual as almas gêmeas se procuram com tanta assiduidade. Se o celibato pode ser um meio para ter uma experiência espiritual de pico, a experiência sexual é igualmente válida. Há milênios a energia sexual já era admitida e utilizada no crescimento espiritual. A força da kundalini, desde que tratada com a reverência devida ao seu poder, pode, instantaneamente, transportar a pessoa para os píncaros da espiritualidade. O Tantra é um dos remanescentes desse ensinamento secular. Todavia, manipulada por mãos inexperientes, a força da kundalini pode ser um fator de violenta separação, física, emocional, mental e espiritual. Assim é que a deflagração dessa força era entregue àqueles que eram adestrados para compreendê-la. Negava-se o seu conhecimento aos inexperientes, não com o intuito de dominá-los, mas para prevenir danos. A magia sexual fez parte dos ensinamentos esotéricos revividos no começo deste século por organizações metafísicas, como a Ordem do Dourado Despertar (mais adiante veremos as experiências de dois iniciados). Em geral, conquanto haja autênticos mestres empenhados em fazer reviver esse conhecimento, esses seres de alto tirocínio hoje são encontrados raramente, especialmente no Ocidente — porém, inúmeros falsos gurus tentam tomar-lhes o lugar. A humanidade fica assim obrigada a descobrir seus próprios caminhos. Mas as antigas forças não desapareceram.

A atração sexual, poderosa e não raro inconveniente, é uma das armadilhas na senda da espiritualidade e das almas gêmeas. Os homens e mulheres que estão desenvolvendo suas faculdades intuitivas e espirituais acabam compulsivamente atraídos para aventuras sexuais altamente destruidoras — ou atraindo essas aventuras —, especialmente quando não dominam essa força. Algumas pessoas são dotadas de uma carga sexual magnética, um fascínio que contamina quem estiver por perto (é o caso dos grande atores e atrizes e de alguns astros "pop" mais longevos).

Uma antiga alma gêmea produzirá igual efeito num antigo parceiro. É freqüente o primeiro encontro com uma alma gêmea provocar uma onda de luxúria, uma vez que os chakras inferiores como que explodem pela ação de uma força irresistível. O desafio consiste em transformar essa energia, fazê-la funcionar de outra maneira, em ser realmente criativo no nível espiritual, entrando em comunhão com o eu. Talvez não seja adequado cair na cama e descarregar imediatamente esse energia; mas do mesmo modo, não devemos ignorá-la. Freqüentemente a energia é reprimida, porém logo ressurge, e mais forte.

Basta que se leiam os antigos padres da Igreja para ver como eles sonhavam obsessivamente com as tentações da carne. E, hoje em dia, alguns sacerdotes e gurus exercem uma atração sexual toda especial sobre certas mulheres... e homens. O carisma sexual tem uma aura de poder, e o poder convida ao abuso. Os contatos entre padres e coroinhas costumam freqüentar as primeiras páginas dos tablóides tanto quanto os amores dos bispos. Os gurus e seus discípulos são menos assíduos no noticiário, mas a atração e os abusos podem ser os mesmos. O irresistível e o inexplicável, o sagrado e o profano, o proibido e a tentação podem se misturar. Não é preciso ser padre ou guru para assumir ares de fruto proibido.

Sempre que o assunto é descrever o primeiro encontro com a

alma gêmea, o traço comum é um desejo sexual irresistível. Quando comecei a trabalhar com Christine Hartley, há muitos anos, ela explicou que a atração desse tipo pela alma gêmea é o resultado da abertura dos chakras e do despertar da energia da kundalini. Literalmente, ela resulta numa atração magnética devido às poderosas emanações da força da kundalini e, dado que a alma está envolvida, a sensação é a da mais elevada experiência espiritual. É o que acontece em alguns casos, nos quais a interação sexual se afigura adequada.

Quando conheci meu parceiro atual, há doze anos, estávamos à sombra de uma velha oliveira, perto de um templo, em Rodes. Era noite de lua cheia. Sem que nem sequer nos tivéssemos tocado, sentimos a força da kundalini subir pela espinha e sair pelo alto da cabeça: foi como um orgasmo cósmico. Acontece que temos em nossos mapas astrológicos um explosivo contato de Urano, e essa foi uma de suas mais explosivas manifestações. A energia foi canalizada e harmonizada em cada um de nós, criando um fogo recíproco. Diversos sensitivos disseram que havíamos estado juntos naquele mesmo lugar milhares de anos antes, quando o templo ainda funcionava. Nessa noite, sem dúvida a magia do antigo templo funcionou a contento.

Há casos em que a atração não é nem um pouco conveniente. Infelizmente, as pessoas se deixam arrastar por esse tipo de atração sexual e procuram justificar-se, dizendo que é espiritual, que elas receberam instruções de um plano superior, quando, na verdade, se trata do lado reprimido e negado da sua própria sexualidade. Como tantas outras coisas, é difícil julgar, do ponto de vista terreno, quando exatamente essa interação é conveniente e quando não é. No meu caso, meu parceiro e eu sabíamos que tínhamos de ficar juntos, que tínhamos um trabalho por fazer, além de resgatar um velho karma. Um dos produtos dessa união inicial foi um "filho cósmico", um livro que escrevemos a quatro mãos. Muitas vezes trabalhamos com as mesmas pessoas, abordando seus problemas de ângulos diferentes, mas ambos, em última análise, trabalhando para ajudá-las a expressar corretamente suas almas. Nossa jornada não foi das mais fáceis, mas conseguimos. Contudo, nos casos em que as pessoas se juntam unicamente para se satisfazer ou para se impor a outras pessoas, parece que o karma futuro se complica e a jornada fica mais penosa.

No livro *Initiation,*[18] que Christine Hartley me deu de presente há muitos anos, Elizabeth Haich vincula o potencial para a união espiritual, no nível anímico, ao desejo da relação carnal e afirma que é o insatisfeito desejo da alma pela "paradisíaca união" que se esconde na sensação de insatisfação e fadiga que muitas pessoas experimentam depois do ato sexual. Ela também frisa que quanto maior for a evolução espiritual da pessoa, tanto mais fortes serão as suas vibrações e mais irresistíveis as suas emanações. (Os falsos gurus às vezes fazem mau uso desse tipo de atração, como se verá.) Elizabeth enfatiza a necessidade de controlar o fluxo das energias espirituais através do corpo, sob pena de os centros nervosos (que eu chamaria de chakras) ficarem comprometidos pelo fluxo das energias não-transformadas para os centros inferiores. No livro, o sumo sacerdote tenta alertar os iniciados para o perigo da ausência desse controle. Mas com uma profundidade que, tenho certeza, muitos haverão de reconhecer, o iniciado pondera: "Nem o melhor dos conselhos é capaz de transformar inexperiência em experiência, e é preciso passar por experiências desagradáveis para corrigir a falta de equilíbrio interior e desenvolver o autocontrole."

LIÇÕES KÁRMICAS

São muitas as maneiras pelas quais contribuímos para o sucesso ou fracasso dos nossos relacionamentos. Talvez o caminho escolhido seja construtivo e positivo porque, reconhecidamente, é preciso aprender certas lições e alterar já enraizados padrões de comportamento, embora não seja muito de esperar que, na fase do aprendizado, a lição se nos afigure positiva. Não raro, somente pela retrovisão alcançaríamos avaliar o que uma determinada lição nos ensinou e compreender que temos de esperar pela morte deste corpo. Por outro lado, há quem esteja de tal modo enredado num antigo padrão de comportamento que não faz senão recriá-lo inconscientemente, todo o tempo. Abuso, mau uso do poder, abandono, rejeição, dominação, submissão são temas que exercem sobre nós uma influência poderosa simplesmente por nos serem muito conhecidos. Em outras palavras, são compulsivos. Raros são conscientes, e talvez soframos demais por não sabermos onde foi que erramos e como nos tornamos presa deles.

Regrida-se, porém, a outra vida, depois a mais outra e mais outra... e a cadeia de acontecimentos esclarecerá tudo. Somente por meio da condensação e da intensificação desta experiência, levando-a ao insuportável, é que nos livramos do padrão — ou da pessoa — e encontramos uma forma de seguir em frente.

É também freqüente uma variante do tema: numa vida, um caminho; na vida seguinte, o caminho oposto. Isto é, oscilar entre os dois pólos de uma mesma experiência. Em algum lugar, de alguma maneira temos de parar e encontrar o ponto de equilíbrio. Constatamos também que estamos recebendo de volta aquilo que descartamos. Se tivermos maltratado alguém, seremos maltratados; se fomos maltratados, seremos aqueles que irão maltratar. Se tivermos manipulado, seremos nós os manipulados; se tivermos sido submissos, seremos dominadores. Se tivermos abandonado, seremos rejeitados e assim por diante. Raramente muda. A pessoa que tivermos maltratado pode voltar para nos maltratar ou para que tenhamos de tomar conta dela. Ela poderá ser um filho nosso, por exemplo. Também podemos nos encontrar na contingência de ter de cuidar de um filho que, numa outra vida, nos assassinou, torturou, infernizou. Podemos também nos ver casados com essa pessoa. A confusão se instala quando, apesar de tudo, a pessoa pode parecer uma alma gêmea nossa. Talvez aí esteja a razão da atração. Nossa lição será mudar o tipo de relacionamento, perdoar, esquecer, amar sem restrições.

Quando meu parceiro e eu já estávamos juntos havia muito tempo, um sensitivo que ocasionalmente nos fazia uma visita fez uma leitura kármica do nosso passado. Ele escolheu uma vida no Egito antigo. Eu tinha sido um príncipe jovem e antipático. Meu parceiro tinha sido meu escravo e eu o tratava muito mal, ao passo que ele me odiava e desprezava. Em vez de caminhar, eu fazia questão de ser empurrada pelo palácio, num pequeno carro, pelo meu escravo. Durante uma rebelião, meu escravo aproveitou a oportunidade para apunhalar-me no peito e matar-me. Nenhum de nós se lembrava do acontecido, nem guardava ressentimento. O interessante é que o meu parceiro é um médico diferente. Uma das coisas que ele sempre tratou de me ajudar a curar é um renitente problema no peito, minha ferida kármica como gosto de chamá-la, precisamente no ponto em que o sensitivo disse que o punhal havia penetrado. O que também é interessante é que, estando no Egito, lugar onde ambos nos sentíamos em casa, passávamos a maior parte do tempo numa caleche — um carrinho puxado por cavalo.

Uma das causas mais freqüentes das dificuldades nos relacionamentos são antigas juras e promessas trazidas do passado. Nossa alma gêmea pode aparecer para nos ajudar e nos libertar dessas juras e seguir em frente. Os votos religiosos constituem-se numa dificuldade óbvia. Numerosos são aqueles que passaram por penosas experiências em mosteiros ou conventos. Terão feito voto de pobreza, de castidade, de obediência — para sempre. E se admiram de ser pobres, de ter dificuldades de natureza sexual, de estar sempre à espera de que alguém lhes diga o que fazer, ou então de ser incapazes e dependentes da caridade alheia. Quando uma alma gêmea aparece, logo se rendem a ela e descobrem que a lição a aprender é assumir o controle da própria vida.

Não temos necessariamente de ir para outra vida para fazer isso, mas a experiência da vida atual é, de hábito, um eco de uma vida passada. Tenho visto vários casos em que as pessoas voltam a se recolher, nesta vida, em algum convento ou mosteiro, ou passam a viver como que enclausuradas.

Houve o caso de uma mulher que achava que tinha de ser uma

freira. Ela entrou para um convento e fez seus votos. Para ela, Cristo era sua amada alma gêmea. Foram precisos vinte anos para que ela se desse conta de que tinha feito a escolha errada. Tão logo deixou o convento, encontrou o homem que se tornaria seu marido, a sua alma gêmea. Só se casaram depois de muitos anos, malgrado ela desde sempre saber que aquilo "teria de ser". Ainda assim, durante muito tempo ela se sentiu confusa quanto ao sexo, até que conscientemente deliberou renunciar ao voto de castidade. Até então sentira-se sutilmente incomodada e desejosa de correr de volta para o seu santo e querido convento. Ela sabia que tinha feito um voto, mas é inimaginável como o efeito de um voto desse tipo pode tornar-se cada vez mais forte ao longo de uma vida, ou mesmo de algumas vidas, para depois de tudo ficar esquecido no nível consciente. No fundo, a alma não esquece. A pessoa se refreia, não consegue dar-se por inteiro num relacionamento porque, no nível mais profundo, acha que está errada. Se um parceiro anímico a compreender e for paciente, talvez seja possível superar esse juramento, mas com freqüência a experiência resulta obstaculizada por aquilo que o outro parceiro mais receia: rejeição, ausência de amor, etc. — e um velho padrão é ressuscitado. Na hipótese, a menos que as duas pessoas tratem de conscientemente curar o passado, até mesmo o mais íntimo dos relacionamentos entre almas gêmeas se tornará problemático.

História semelhante é a de um jovem monge que me veio procurar. Ele se havia convertido ao catolicismo aos catorze anos de idade e entrado como noviço num famoso internato para meninos. Uma das razões que o levaram ao mosteiro foi deixar para trás sua sexualidade; ele se sentia fortemente atraído pelos relacionamentos homossexuais, mas os considerava moralmente errados (não havia lido Platão). Na sua primeira noite no mosteiro, foi brutalmente violentado por um dos monges. Para ser aceito como monge não era necessário fazer voto de celibato, mas apenas uma profissão de fé. O celibato se entendia implícito no novo modo de vida. Todavia, o estupro deu início a sete anos de um relacionamento sexual repassado de ódio e prepotência. Mas, como ele disse, tinha encontrado sua alma gêmea. Ele se sentia dividido entre, por um lado, expressar sua sexualidade por meio daquele contato sadomasoquista, e, por outro, renegar sua alma gêmea.

No fim os diretores do mosteiro tomaram uma atitude. Mandaram-no de volta à comunidade para "encontrar-se a si mesmo". Todavia, ao voltar para o mundo do cotidiano ele se sentiu inteiramente perdido. Era como se uma parte dele tivesse ficado no mosteiro com sua alma gêmea. Foi-lhe também impossível iniciar um novo relacionamento. Prendia-o ainda o ideal do celibato que no mosteiro não havia conseguido preservar. A conseqüência foi uma vida realmente solitária.

Existem outras espécies de juramentos: "Um dia ele ainda vai ver o que é bom", "Vou me vingar dele", "Nunca o perdoarei" são elos poderosos que fazem com que as pessoas se juntem novamente. Nesses casos, o juramento do tipo "para o que der e vier" acaba por privilegiar esta última. As promessas que fazemos também nos atrapalham: "Cuidarei sempre de você", "Amá-lo-ei para sempre", "Quando precisar de alguma coisa, pode contar comigo" — são afirmações que nos podem escravizar por toda uma vida, ou mais tempo. É preciso passar em revista o passado a fim de liberar-nos a nós mesmos e à outra pessoa também.

Uma das lições mais importantes pode ser deixar o passado para trás. Trata-se de uma pessoa ou de um modelo, não é possível repetir indefinidamente o que já aconteceu. A estagnação e a inércia são a morte da alma. Assim, ocorre muitas vezes que alguém se encontre com uma pessoa que amou no passado, apenas para perdê-la logo em seguida. Sob esse aspecto, a morte pode ser uma grande mestra. Em outros casos, trava-se conhecimento com uma alma gêmea que está bem casada, ou é uma criança, um mestre ou um bruto. Qualquer que seja a relação, não há como se desvencilhar dela. Até deixar o passado para trás, a pessoa conhece o inferno neste mundo. Quando afinal o faz, progride.

Esquecer as ilusões é outro desafio. Talvez seja preciso proceder a uma revisão, aprender a encarar a outra pessoa (ou crença) de uma forma diferente. Se costumávamos colocar o parceiro num pedestal, idolatrando-o, será então necessário reconhecer que todo ser humano é um mortal, não um deus. Será preciso deixar que os outros revelem sua verdadeira natureza, em vez de partir do princípio de que já os conhecemos. Se lhes atribuirmos um papel heróico e ideal, não haverá como não nos decepcionarmos. Inevitavelmente, nossas ilusões irão por água abaixo. Tal como ocorre quando nos iludimos a nosso próprio respeito, acabamos por ter de nos ver tais quais somos. Isto se aplica por igual à opinião que temos acerca de outras pessoas. Se imaginamos que os outros têm aquilo que ainda não estamos preparados para ter, um dia teremos de repensar essa nossa opinião. O processo pode acontecer numa forma positiva, mas pode também implicar um penoso desmoronamento das nossas ilusões — uma brutal violentação psíquica que nos faça voltar às origens. Em nosso desespero, tanto poderemos nos agarrar a alguém quanto descobrir nossas próprias forças.

Toda e qualquer lição pode ser aprendida de uma forma positiva e construtiva, mas podemos nos deixar envolver num modelo destrutivo. Depende muito do planejamento que conscientemente fizemos antes da encarnação. Digamos que a lição a ser aprendida seja alcançar a maior independência possível. A experiência mais positiva seria o relacionamento entre almas parceiras ou entre pais e filhos, ou entre mestres e alunos, que sustenta e incentiva a responsabilidade por si mesmo e a autoconfiança. O suave estímulo a novas formas de ser não comporta críticas nem julgamentos. Podemos nos desenvolver no nosso próprio ritmo, sabendo que existe todo um amoroso amparo a nos escorar. Podemos cometer erros e aprender à custa deles, sem provocar ira. Talvez sejamos contestados quando for o caso, mas sempre de uma forma compreensiva. Quando estivermos aptos a alçar vôo, seremos incentivados a fazê-lo. E enfrentaremos o mundo confiantes e bem preparados. Isto se aplica tanto a um parceiro quanto a uma criança. Se os parceiros não tiverem medo e tiverem confiança em si mesmos, poderão encorajar seus parceiros a se assumirem como pessoas.

Se, pelo contrário, tiverem medo, agarrar-se-ão a eles, tentando mantê-los tais como eram, impedindo o seu crescimento.

A abordagem destrutiva e negativa da conquista da independência é a um tempo pesada, canhestra, crítica e fria. A reprovação, o medo e o castigo são usados para forçar uma ruptura, embora a ruptura seja a última coisa que uma pessoa fria e crítica poderá desejar. Seu intento é manter sob seu controle a alma espezinhada. Para sobreviver, temos de nos afastar. Temos de ouvir os reclamos da nossa própria alma. Talvez alcancemos a auto-suficiência, porém à custa do ressentimento de figuras de proa, em geral acompanhado de um profundo sentimento de inferioridade e falta de confiança. Se essa lição estiver sendo aprendida durante um casamento, duvido de que ele possa ir longe. Se estiver integrada num relacionamento pai-filho, será melhor que este se afaste da casa paterna para nunca mais voltar.

Os Vários Tipos

DE RELACIONAMENTOS KÁRMICOS

O coração tem razões que a própria razão desconhece.
— Pascal[19]

Os relacionamentos são uma forma proveitosa, entusiasmante e, por vezes, dolorosa de aprender e crescer. A experiência da vida presente raramente explica a contento nossos relacionamentos. As raízes dos nossos modelos de relacionamento podem ser procuradas em outras vidas. Por comodidade, eu as chamo de vidas passadas, mas não as devemos ter como os elos de uma longa corrente. Nossas vidas "passadas" estão em torno de nós. Diariamente topamos com elas. São essas influências ocultas que nos atraem para uma alma gêmea.

Cumpre que se tome o termo relacionamento no seu sentido lato: relação com outrem, uma vez que o contato mais fugaz pode envolver uma lição kármica ou oferecer uma oportunidade para crescer. Os contatos anímicos tendem a ser catalíticos. É possível que encontremos nossa alma gêmea uma única vez, durante um curto espaço de tempo, mas esse relacionamento irá marcar a alma para sempre. Por vezes, a alma gêmea aparece na nossa vida com um único propósito: fazer o que for preciso para nos empurrar rumo àquilo que devemos ser. Às vezes ela nos traz uma lição que precisamos aprender. Talvez não sejam lições capazes de fazer tremer o mundo, mas são lições que podem mudar nossa vida, como Ann descobriu quando conheceu Jim:

> Há mais ou menos quinze anos estive nos Estados Unidos, em visita aos amigos Carol e Adam. Pouco antes de minha volta, eles

convidaram um velho amigo deles para jantar. Eu tinha ouvido falar muito a respeito desse homem, Jim, o que talvez tenha algo a ver com o que senti no momento em que o conheci. Ainda conservo uma foto dessa noite, e tudo quanto posso dizer é que ela tem um brilho todo próprio. No entanto, eu tinha de partir no dia seguinte, e ponto final.

Pela manhã, telefonei para o aeroporto a fim de confirmar o horário do meu vôo. Informaram-me que o vôo tinha sido cancelado e que não haveria outro nos próximos dois dias. O choque e a confusão provocados pela noite da véspera foram motivo para que eu me pusesse a fumar alguns cigarros (sou uma não-fumante juramentada!). Como qualquer pessoa dos tempos atuais, indaguei-me sobre o que aquilo poderia estar querendo me dizer, e decidi que queria dizer que eu devia passar mais tempo com o recém-adquirido amigo da noite anterior. Eu disse a Carol que lhe telefonaria e fui informada de que era impossível comunicar-me com ele por telefone. Eu estava resolvida a tentar e disquei o número — e Jim atendeu! Uma secretária displicente havia deixado ligada a linha direta! Carol ficou pasma, mas as coincidências a essa altura já se haviam tornado rotina.

Jim convidou-me para jantar e conversamos por um bom tempo. Um tempo dos mais extraordinários. Eu me senti inteiramente descontraída e gostei muitíssimo dele. Não faço a menor idéia se ele sentiu o mesmo. Sei que podíamos falar abertamente sobre qualquer assunto. Receei que ele pensasse que eu estava tentando namorá-lo (ele era casado). O estranho é que, dentre todos os assuntos sobre os quais falamos, o único que me ficou na cabeça e me ajudou a mudar de vida foi uma banalidade. Ele me disse que era uma pessoa muito ordeira e que o resto da família não era, o que constituía motivo para constantes brigas e discussões. Um dia ele decidiu que o problema era dele; era ele quem queria uma casa limpa e bem cuidada. Desde então, tratou de pôr as coisas em ordem, sem nada reclamar. Começou a sentir-se melhor por ter o que queria; todos na casa começaram a sentir-se melhor e o clima doméstico ficou muito mais harmonioso e tranqüilo.

O que aprendi com essa simples lição? Que quando se tem um problema, tem-se também a solução. Nada mais simples.

Voltando para casa senti vontade de escrever a Jim, mas algo me disse que não era isso que eu deveria fazer. Deixei para trás o acontecido e me senti perfeitamente bem. Contudo, sempre que me encontro a culpar os outros por um problema meu, a lembrança de tudo isso me volta instantaneamente.

Não sei se Jim é a minha alma gêmea, embora há quinze anos eu acredite que seja. Só sei que ele fez uma contribuição importante para a minha vida. Não pretendo tornar "mágico" o nosso encontro, mas, considerando muitas outras experiências significativas que tive na vida, acredito que de fato seja. Houve e ainda há outros relacionamentos na minha vida muito mais profundos e fortes. Ainda assim, sinto que havia algo em Jim, algo no nosso breve encontro, que eu já conhecia bem.

Há outras pessoas com quem sinto ter fortes vínculos. Não sei o que pensar acerca de almas gêmeas, mas estou aberta à idéia de que faço parte de um grupo ou de que existem pessoas encarnadas com as quais estive em outras vidas. Todavia, no meu íntimo, ainda penso que Jim é um caso especial.

Estranhamente, ele reapareceu recentemente na minha vida. Falei com ele pelo telefone e talvez voltemos a nos encontrar. Parte de mim não quer que isso aconteça. Por que será?

Em determinadas ocasiões, surge nossa alma gêmea para atuar no karma que existe entre nós. Karma é tudo aquilo que já se foi. É ação e reação, crédito e débito. É também potencial de crescimento. Embora exista um karma positivo e de bom relacionamento, são os modelos destrutivos e negativos que criam a maior parte dos problemas com que as pessoas deparam nos seus relacionamentos, particularmente no nível anímico. A razão pela qual estamos aqui é reconhecer e reverter parcialmente esses modelos. Uma vez reconhecido conscientemente, um modelo pode ser modificado, desde que se opte por proceder de maneira diferente em vez de prosseguir reagindo cegamente como antes. Podemos nos tornar "proativos" em lugar de "reativos". Quem com mais probabilidade irá nos ajudar nesse sentido é a nossa alma gêmea (ou nossas almas gêmeas).

A Terra é o lugar onde trabalhamos as nossas emoções, é o único nível de existência no qual podemos "esconder" nossas emoções. Nas comunicações de outros níveis, especialmente aqueles mais próximos da Terra, as emoções são descritas como prontamente visíveis, por suas cores, emanações etc. A Terra é, portanto, o lugar onde podemos nos enganar a nós próprios, ou tentar enganar os outros quando se trata do estado emocional. É também o lugar em que podemos alcançar o equilíbrio emocional. Claro que o veículo para muitas das nossas experiências emocionais são os relacionamentos, ou a falta deles.

Os relacionamentos kármicos são de dois tipos:

1. Relacionamentos baseados num contato anímico anterior, em que temas ou experiências são trazidos de outra vida e prosseguem na atual; e nos quais nosso pior inimigo pode acabar sendo alguém com quem temos uma vinculação anímica forte e cheia de amor. É o contato anímico. Aqui o karma é um assunto pessoal entre aqueles a quem diz respeito. Esses relacionamentos se dão dentro do nosso grupo anímico — um grupo com o qual mantivemos longas ligações e dentro do qual vivemos todos os tipos de relacionamento. Os vínculos anímicos podem fazer com que as pessoas se juntem para a realização de uma tarefa específica, para cuidar de algum assunto não resolvido, pagar dívidas ou favores, atuar como um agente catalisador ou ficar juntas por toda uma existência.

2. Relacionamentos nos quais não houve contato anterior com a outra pessoa, mas ambas trabalham determinado tema ou modelo, de modo que se reúnem para tentar resolvê-lo ou desenvolver o potencial do contato. Talvez tenhamos aqui a sensação de ter encontrado uma alma gêmea, tão agradável é o contato. Porém o mais provável é que se trate de uma falsa alma gêmea. É um contato em que nossos antigos relacionamentos são revividos e a outra pessoa nos devolve, como que fielmente retratado, aquilo que de mais íntimo carregamos no nosso eu.

Porém, a ligação raramente se faz presente no nível da alma. Podemos às vezes criá-la através de nosso relacionamento, mas não existe nesse relacionamento nenhum fator essencial.

TEMAS KÁRMICOS

Nos nossos relacionamentos buscamos reiteradamente representar determinados temas. Os temas kármicos mais típicos são:

- **Pai/mãe/filho** — papéis que raramente têm algo a ver com um real relacionamento familiar e que se transmitem de interações passadas para as atuais. Todos conhecemos a mulher que é a "filhinha" do marido, ou a mãe dele; o pai que flerta com a filha e relega a esposa à condição de "mãe"; a mãe incapaz de separar-se do filho; o filho que tem de ser pai (mãe) de um dos pais. Vemos casamentos em que os parceiros mais se parecem com irmãos; em que o componente sexual está ausente ou é muito tênue. A secretária que funciona como mãe do chefe e o empregador que gosta de ser paparicado são temas conhecidos — e podem ser representados tanto por homens como por mulheres. Como se trata de papéis muito conhecidos de todos e que repetidamente integram algum grupo anímico anterior, torna-se fácil neles imiscuir-se indevidamente. Eles geralmente fazem parte de uma experiência anímica espúria.

- **Vítima/mártir/perseguidor/salvador** — freqüentemente, o salvador acaba como vítima ou mártir. O abuso e o mau emprego do poder, às vezes numa forma muito dissimulada, são fundamentais nesse tipo de relacionamento kármico. É possível que numa família um filho ou filha seja o bode expiatório, um alvo permanente de provocações de todos os tipos. O papel de salvador/vítima é comum em famílias nas quais existe algum problema de narcodependência e nas quais um dos pais, ou ambos, ou um dos irmãos, assume o papel de "arrimo", mas o mesmo também ocorre nos chamados relacionamentos de amor. Como as necessidades são recíprocas, é fácil, nesse caso, confundir-se e vislumbrar um contato de almas gêmeas. Todos os relacionamentos de co-dependência baseiam-se nesse modelo. Para que funcionem, é indispensável que uma pessoa se sinta inferior à outra. Mas a dependência de parte a parte é forte. Toda vítima precisa de um perseguidor, todo perseguidor precisa de alguém incapaz de se defender. Alguém que sempre é ajudado, que sempre é "salvo" ou perseguido porque é fraco jamais será forte, e o modelo se repetirá interminavelmente, transmitindo-se, não raro, de geração em geração.

Dominação e submissão — é uma questão de poder e controle. Talvez seja uma recriação literal do velho modelo de relacionamento senhor/escravo, talvez uma simples metáfora designativa dos mais variados abusos. Baseia-se na necessidade que tem um dos parceiros de ser dominado e na necessidade do outro de ser dominador. Se os atores dessa cena não tiverem uma clara consciência de seus papéis, poderá haver muita violência no relacionamento, particularmente se o dominado, sem mesmo dar-se conta disso, começar a exigir a dominação, ou se o parceiro submisso tentar se impor ao outro. Comumente, no relacionamento pais/filhos, as partes se reencontram para reprisar um papel muito conhecido. Essa é a razão pela qual tantos parceiros vítimas de abusos dificilmente se afastam das situações de violência doméstica: gostem ou não, eles na verdade anseiam pela segurança que lhes proporciona essa coisa muito conhecida que é o despotismo no lar. É importante que se esclareça que não são apenas os prepotentes que abusam dos humildes e mansos; também estes podem ser tirânicos à sua maneira e muito hábeis no acionar os botões que fazem explodir a violência.

Claro que também é fato notório que os filhos de relacionamentos abusivos freqüentemente se tornam eles próprios os que abusam, que irão provar o gosto de estar no pólo oposto.

Nesses relacionamentos, a cura ocorre quando cada uma das partes, conscientizando-se, desenvolve um esforço no sentido de incorporar a outra ponta da polaridade, em vez de limitar-se a reagir cegamente a ela. Para a cabal compreensão do que acontece talvez se exija que os papéis sejam efetivamente assumidos ou, mesmo, trocados. A experiência pode ser vivida ao longo de uma outra existência. Aprender o respeito mútuo é também um ingrediente essencial, tanto quanto o é ouvir as necessidades da outra pessoa e encontrar uma saída criativa para o jogo do poder.

Dependência e conluio *v.* amor incondicional — são as duas extremidades de um mesmo eixo. Com freqüência, conluio e dependência passam como por ajudar ou ser ajudado. As pessoas costumam acreditar que estão praticando o amor incondicional quando dão a alguém o que quer que esse alguém esteja ou pareça estar precisando. Contudo, talvez fosse melhor para o seu crescimento espiritual que se mantivessem como simples observadores e deixassem que o outro tratasse de encontrar os próprios caminhos, ou então lhe dissessem um honesto "não". Esse tipo de ajuda tende muito mais a tornar a pessoa impotente do que a ajudá-la a administrar sua própria força.

Amor incondicional é aceitar alguém integralmente, tal como ele é: é respeitar sua maneira própria de crescer; é deixá-lo ser aquilo que ele precisa ser. Da mesma forma, amor incondicional é saber quando dizer não... e não voltar atrás. Não é deixar-se espezinhar em nome do próprio amor ou do crescimento; não é deixar-se abusar por outrem, como tampouco é abusar dos outros em nome do amor — tudo isso faz parte de modelos que se podem fundir no interior de uma mesma família ou grupo de almas. Amar alguém incondicionalmente pode também traduzir-se em contestar-lhe a maneira de ser, as opiniões e as atitudes. Talvez seja o caso de trazê-lo à realidade, fazê-lo arcar com as conseqüências de seus atos. Porém, com amor. Esse é o duro e penoso caminho que a alma gêmea tem a percorrer.

O traidor e o traído — promessas. Muitas são feitas, poucas são pagas. É um tema típico dos relacionamentos entre adultos em que uma das partes tem um amante. É menos óbvio nas situações familiares em que se incentiva uma criança a tomar determinado rumo e, subitamente, se lhe retira o apoio. É o que pode acontecer quando um filho único é a menina dos olhos da mãe, mas, em nascendo um irmão, desaparece todo o interesse que ela tinha por ele. Atônito e abandonado, percebendo que já não é o rei do universo, ele carrega consigo para a idade adulta não apenas o hábito de desconfiar, mas também o de querer descartar-se dos outros antes que os outros façam o mesmo com ele. Se se promete tudo a uma criança durante muito tempo, para afinal frustrá-la, na idade adulta ela se tornará um traidor contumaz. Se esse modelo provier de outras vidas, as pessoas envolvidas talvez construam um painel de traições ao longo de numerosas existências. Não obstante, é possível que uma pessoa se sinta profundamente ligada a outra em razão de promessas feitas e não pagas.

O condutor e o conduzido — este relacionamento é muito encontrado em todos os tipos de relacionamento em que existe dependência; também é encontrado em muitos dos assim chamados relacionamentos anímicos. Parece ser uma relação entre almas gêmeas porque uma das partes acha que ele, ou ela, "precisa tanto de mim" e a outra "não pode viver sem ele". É comum nos casamentos em que a mulher põe toda a sua energia a serviço da carreira do marido e não da sua própria, ou nos relacionamentos pais-filhos em que o filho trilha o caminho da dependência alimentado pelo dinheiro dos pais. Uma pessoa inevitavelmente comparece com toda a energia que tem, ou então gera uma situação na qual a outra pessoa irá medrar ou definhar, de acordo com a orientação — em regra por uma questão de fraqueza ou dependência, preservando-se, de qualquer forma, a hegemonia do condutor. Trata-se de um modelo de forte influência sobre os parceiros, que acham que não podem viver um sem o outro. Pode também tratar-se de um relacionamento enganoso que, examinado à luz da inteligência, poderá revelar que o aparente condutor talvez seja, na realidade, o conduzido.

O sedutor e o seduzido — amiúde embasada numa antiga relação de amor, a ligação anímica poderá ser alvo de abusos ou, mesmo, ser mal usada na amizade, no amor e na família. A sedução nem sempre tem caráter sexual. Não raro tem cunho intelectual ou emocional, senão espiritual. É também um modelo comum no relacionamento guru-discípulo. O guru (espiritual ou não) seduz o discípulo com sua aparente sabedoria e o mantém sob controle, fornecendo-lhe por etapas a dose necessária dos conhecimentos que ele busca com sofreguidão. Claro que em muitos relacionamentos guru-discípulo (e em outros também) a ênfase é deslocada para a sexualidade, freqüentemente a pretexto de fortalecer os discípulos, quando o verdadeiro objetivo é aumentar a sedução. Aqui temos, uma vez mais, um tema que atravessa os séculos.

O dilema liberdade-compromisso — os temas "não posso viver com ele, mas não posso viver sem ele" se repete ao longo de muitas e muitas vidas. Alguns relacionamentos são esporádicos, excitantes e altamente passionais; são tão intensos que não teriam como manter-se por toda uma vida. Se deixados um com o outro por muito tempo, os parceiros se entediam mutuamente, seu relacionamento se deteriora e um deles simplesmente abandona o outro, incapaz de assumir plena responsabilidade pelo relacionamento. Os dois parceiros em foco podem optar por uma vida em comum, na qual aprendam a comprometer-se plenamente um com o outro. Para fazê-lo, é preciso que reciprocamente se dêem espaço: espaço para crescer, para ser, para fazer o que for preciso, mas tudo dentro do contexto de uma relação de compromisso. Mesmo que a vontade seja fugir, voar para a liberdade, a alma dirá: "Não, espere..." Ou talvez aconteça que eles se juntem para aprender a viver sós, para que, de uma vez por todas, se larguem afinal. Se os parceiros tiverem estado sempre reciprocamente muito comprometidos, simbioticamente ligados, obrigatoriamente conectados, a lição então poderá ser soltar-se, descobrir a liberdade, aprender a amar outra pessoa ou partir para outras coisas.

Algum tipo de serviço positivo — esta é uma forte característica dos relacionamentos entre almas gêmeas. As partes combinam, antes de encarnar-se, que uma delas irá se encarregar de um determinado serviço. Talvez nisso esteja envolvido cuidar de alguém que tenha de adoecer ou sofrer para aprender o que são a compaixão e a empatia, mas pode também ser que o indivíduo dito deficiente seja aquele que terá de prestar o serviço. Rudolph Steiner diz que geralmente os deficientes não encaram isso como uma forma de aprendizado, senão como uma dádiva que fazem aos outros para poderem aprender. Quando alguém tem pela frente uma tarefa difícil para fazer no mundo exterior, uma alma gêmea pode assumir o papel do assistente, o que lhe proporciona no lar um relacionamento de amor; pode também ser um dos pais que prepara da melhor forma possível um filho para enfrentar a vida adulta.

Reparação — a reparação é algo que pode ser dado ou recebido. O sentimento de culpa pode ser uma força poderosa para a repetição da interação kármica; mas a reparação também pode acontecer de forma positiva. Ela implica o resgate de dívidas passadas ou o cumprimento de acordos celebrados em outras vidas. Assim, por exemplo, se numa vida passada alguém nos ofereceu uma oportunidade para aprender e crescer, poderemos esquecer durante algum tempo o nosso próprio desenvolvimento para nos dedicarmos a essa pessoa. Igualmente, se de alguma forma a prejudicamos enquanto aprendíamos nossas lições, é possível que queiramos melhorar as coisas para ela nesta vida. Por trás dos relacionamentos pai-filho ou mentor-discípulo pode estar esse elemento. Também nos casamentos e demais relacionamentos amorosos ele pode se fazer presente.

A FAMÍLIA

Nosso primeiro relacionamento é com a família.

> *Vivemos e respiramos no campo energético que nossos pais criam pelo seu relacionamento.*
>
> — *Stephen Arroyo*[20]

Escolhemos nossa família em função da herança genética e emocional que ela nos oferece. É possível que tenhamos tido um contato anterior com uma pessoa da nossa família, ou algum velho karma com ela. Uma ou mais de uma de nossas antigas almas gêmeas pode perfeitamente ser agora um de nossos pais ou irmãos. É possível, embora não necessário, que toda a família faça parte do nosso grupo anímico. É preciso lembrar que nossa verdadeira família é um grupo de almas a que estamos ligados, não pelo sangue, mas pelo sentimento de respeito e pela alegria que vem da nossa participação na vida um do outro. Não é de modo algum necessário que todos os membros da mesma família de almas morem e vivam debaixo do mesmo teto.

O relacionamento familiar reitera e robustece as maiores expectativas e crenças, positivas e negativas, que trazemos das vidas passadas. Em geral, permanecemos atados a um velho modelo. Por exemplo, se nossa expectativa era de que teríamos pais maus, será isso o que iremos achar que temos, ainda que eles se portem perfeitamente durante pelo menos noventa por cento do tempo. Por outro lado, se o que esperávamos era pais bons, toleraremos mais facilmente os maus (ao menos por algum tempo). Se trouxermos de outras vidas um baixo sentimento de auto-estima, com toda probabilidade atrairemos pais que contribuirão para que esse sentimento se acentue, por valorizarem muito mais nossas conquistas do que aquilo que intrinsecamente somos. Se a nossa auto-estima for alta, será difícil nos deixarmos afetar pelas dificuldades que porventura depararmos em nossos primeiros relacionamentos.

Se tivermos encarnado com a expectativa de ter (ou precisando ter) uma infância particularmente problemática, iremos constatar muitas vezes que um de nossos avós é a nossa alma gêmea. É aquela única pessoa que parece nos compreender, quando ninguém mais o faz. Isto talvez se constitua num problema, se os vínculos forem muito fortes. Uma mulher consultou-me a respeito da grande ligação que tinha com a neta. A mãe, filha da minha consulente, tinha-se separado do parceiro pouco antes do nascimento da criança. Deprimida e incapaz de dar conta do recado, ela entregou a filha à avó, sua mãe. Conquanto mantivesse permanente contato com a criança, só depois de passados quatro anos é que se sentiu pronta para ir buscá-la de volta. A essa altura, já arranjara um novo parceiro. A criança, por não ter tido tempo suficiente para adaptar-se, odiava o "novo pai". Sentia-se constrangida perto da mãe, faltava-lhe segurança, e ela desejava, com todas as forças, ir para junto da avó. Num acesso de raiva, a mãe enciumada em face do relacionamento entre a filha e a sua própria mãe, levou a criança para longe, proibindo-a de encontrar-se com a avó.

A avó ficou desesperada. Sentia-se como se lhe tivessem cortado um pedaço da própria carne. Entrou em comunicação telepática com a neta e eu lhe aconselhei a usar esse recurso para "falar" com a menina e assegurar a ela que não a tinha abandonado — que estaria com ela em outros níveis, especialmente durante o sono (as crianças têm uma tendência natural a aceitar esse tipo de coisa), mas que, provisoriamente, não iriam encontrar-se. Eu e a avó fizemos também alguns "quebra-laços" (ver o Apêndice I), para que a criança ficasse livre de todas as expectativas da avó, mas sem privar-se do seu amor incondicional. A avó usou algumas essências florais apropriadas (ver o Apêndice II) numa fotografia da criança, a fim de ajudá-la a adaptar-se à nova situação (uma técnica das mais úteis quando não é possível o contato direto).

Por fim, pôde falar com a filha e convencê-la de que não queria afastar dela a criança, mas apenas amá-la e ajudá-la durante aquela difícil transição. Pouco a pouco, a filha foi cedendo e, com o tempo, permitiu que a mãe visitasse a neta. Com a recém-adquirida liberdade, avó e neta tiveram como desfrutar juntas seus "momentos especiais" e, paulatinamente, a criança aprendeu a gostar de viver com a mãe e o padrasto.

Os relacionamentos entre pessoas da mesma família podem complicar-se por força de ligações anteriores de cunho sexual entre as partes. Mãe e filho, pai e filha, ou irmão e irmã, podem ter sido marido e mulher no "passado". Reconhecer e aceitar o antigo vínculo pode ajudar muito a explicar um relacionamento aparentemente inexplicável, um "amor" inadequado, impróprio e incestuoso na vida atual.

Por exemplo, um dos meus clientes vivia preso a um relacionamento simbiótico e emocionalmente incestuoso com a própria mãe. O pai morrera quando ele ainda não havia completado vinte anos e a mãe lhe dissera que ele teria de tomar-lhe o lugar. Foi o que ele pelejou por conseguir durante muitos anos, num esforço que repercutiria, mais tarde, nos seus relacionamentos adultos. A mãe encarregou-se de romper todos os relacionamentos que ele começou. Ela simplesmente não largava dele. Tratava suas namoradas como se fossem prostitutas, coisa que, é claro, elas eram na sua visão. Como ele tinha assumido o lugar do pai, elas a estavam desbancando de um lugar que de direito era dela. Ele, por outro lado, tinha pavor da mãe. Não ousava fazer-lhe frente.

Desesperado, ele optou por uma regressão. Sem nenhuma surpresa, viu-se numa vida em que tinha sido o marido da própria mãe. Nessa vida, teve uma amante a quem amava mais do que tudo. Para fazer o que pensava ser o seu dever, ficou com a família, mas sua mulher sabia que ele não a amava. Ela infernizou-lhe a vida e, em determinado momento, obrigou-o a renunciar à amante, contra a qual tomou medidas retaliativas que ele não teve como impedir. Em seguida, a esposa tornou-se extremamente possessiva e nunca mais o deixou afastar-se de suas vistas. Nas reuniões sociais, martirizava-o com seu ciúme e suas acusações. Repetidamente o obrigava a jurar que amaria somente a ela. Na opinião dela, ele era sua alma gêmea e sua propriedade. E esse tipo de expectativa ela trouxe para seu relacionamento mãe-filho. Os modelos infantis, portanto, ecoam nos relacionamentos adultos das pessoas.

RELACIONAMENTOS ADULTOS

Em que pesem nossas fantasias românticas e infindáveis esforços para encontrar uma alma gêmea, nossos relacionamentos adultos em geral são dolorosos. É difícil de acreditar que, conscientemente, nos sujeitaríamos a isso, mas... como diz Mavis Klein:

> *Nossos parceiros íntimos são escolhidos conscientemente em razão dos sofrimentos e alegrias que vêm com o relacionar-se com eles.*
> *Nós atraímos o sofrimento para tentar exorcizá-lo. Escolhemos determinada situação penosa porque ela nos é familiar, mas na esperança de que desta vez termine de uma forma diferente. A dor, em nossos relacionamentos íntimos, é um desafio à solidez da nossa personalidade; e a alegria, em nossos relacionamentos íntimos, é a realização do nosso eu ideal.*[22]

Em nossas parcerias, atraímos almas gêmeas — e outras — que encontram ressonância nos nossos padrões e que sintonizam com a nossa vibração. Essa vibração está relacionada com o que esperamos do amor. Nós desenvolvemos essas expectativas ao longo de muitas vidas e elas estão profundamente enraizadas no nosso ser. Os assuntos relativos ao "amor" com os quais podemos estar às voltas podem incluir:

- **A dicotomia santa/prostituta** — É o amor sagrado contra o amor profano. (Muitas noites passadas num mosteiro ou num convento podem acentuar essa dificuldade.) Aqui, o problema fundamental geralmente resulta de uma busca da perfeição (expectativas incrivelmente otimistas de nós mesmos e dos outros) e do fato de rotular de "ruim" todo e qualquer tipo de sexualidade. O ser amado é colocado num pedestal, é idealizado, idolatrado. Quando ele se porta como um falível ser humano, a desilusão é inevitável e o edifício desmorona. Lembro-me com clareza de ouvir uma de minhas primeiras clientes dizer que casamento era só para procriar. Amor era outra coisa: não envolvia sexo. Numa vida anterior, ela tinha sido freira. Seus pais a mandaram para o convento porque ela se tinha recusado a casar com o homem que haviam escolhido para seu marido. Na vida atual, ela era casada com um homem a quem não amava e, depois de lhe haver dado um filho, nunca mais tivera relações sexuais com ele. Ela também tinha um "bem-amado" com quem nem poderia casar nem "fazer amor". Por vezes, a pessoa opta pelo celibato como uma forma de evitar inteiramente o assunto sexualidade. O amor incondicional é o antídoto para este modelo — tanto quanto o é encarar todos os tipos de amor, entre os quais o sexual, como salutares, naturais e divinos.

- **O buraco negro emocional** — O grande receio é que jamais haja amor em quantidade suficiente. São longas, em regra, as histórias dos relacionamentos repassados de manipulação e abuso nos quais se aceita e se procura agarrar tudo o que passa como sendo amor, apenas em razão do grande medo que inspira a idéia da perda ou falta de amor. Por trás deste modelo está um desejo desesperado e egoísta por "amor". Muitos são aqueles para quem abuso e ira se confundem, no seu íntimo, com amor. Talvez seja a única atenção que recebem. De modo que, "se alguém me maltrata, é porque me ama". Aí pode estar o tema subjacente. Por outro lado, os mais diversos tipos de sedutores com muita freqüência usam a palavra "amor" como justificativa de seus atos. As pessoas apegadas a esse modelo têm grande dificuldade em regredir a vidas anteriores nas quais foram objeto de um amor pleno e incondicional. É que se habituaram a ser segundas em tudo, o que não impede que, em lugar de arrefecer, aumente sua fome de amor.

Este modelo é revertido quando se aprende a achar o amor nas profundezas de si próprio, em vez de buscá-lo em outras pessoas; quando se aprende a estabelecer contato com o amor divino ou cósmico, que todos carregam dentro de si, adquirindo a capacidade de dar amor com tranqüilidade, cientes de que a fonte da qual ele provém não irá secar.

"O amor tem de ser perfeito" — Eis um tema que, não raro, impede inteiramente que os relacionamentos aconteçam. Nessa busca pela perfeição, o que se espera é tanto e tão impossíveis de alcançar são os ideais que se alimentam, que ninguém chega ao que pretende. Um homem de seus quarenta anos confessou-me há poucos dias sua agonizante e crescente necessidade de encontrar uma alma gêmea. Mas, acrescentou, ela teria de satisfazer a determinados padrões de aparência, elegância e inteligência — tudo facilmente perceptível ao primeiro olhar. "Se isso tudo não estiver bem evidente, não adianta. Não consigo me interessar." Não é de surpreender que ele jamais tenha passado do primeiro encontro, jamais se tenha dado tempo bastante para conhecer intimamente a outra pessoa, jamais tenha permitido que um relacionamento progredisse.

Num relacionamento, a necessidade de que tudo seja perfeito durante todo o tempo gera uma enorme tensão entre as partes envolvidas. Não há espaço nem para os "equívocos" que nos ajudam a aprender, e nem mesmo para sermos humanos. Do amor perfeito não constam os dias de folga e as horas "livres". Tive um cliente que me contou que ele e a mulher só faziam sexo uma vez a cada seis meses: "Mas tudo era perfeito. Saíamos para jantar, voltávamos, tocávamos bonitas canções, nos acariciávamos e depois nos entregávamos ao amor de forma perfeita." Ele me contou também que o casal queria intensamente ter um filho, de modo que tudo era feito em função da ovulação dela. "O fato é que isso não acontecia; mas quando ela me deixou e foi viver com outra pessoa, ela engravidou na mesma hora." Quando observei que, se eles se amassem com menos perfeição mas com mais assiduidade, talvez a coisa se resolvesse, ele retrucou: "Eu não conseguiria. Tinha de ser perfeito para poder acontecer."

O caminho para solucionar problemas deste tipo é aprender, pouco a pouco, a fixar metas mais realistas; é fazer experiências, até mesmo errar, para depois dar-se conta de que os erros são coisas que afinal não existem, que são apenas experiências que nos ensinam a nos soltar e dar vazão à espontaneidade; a dar a nós próprios, e ao nosso parceiro, o direito de ser apenas humano; e a nos darmos conta de que reside aí a beleza das coisas.

"Não mereço ser amado" — Alguém que sofra deste modelo contentar-se-á com qualquer coisa que se pareça com um relacionamento. Aceitará "castigos" ou, por exemplo, prostituir-se-á em troca de um teto sobre a cabeça, pois não acha que pode ser amado, não o merece. É um modelo no qual de hábito se vive à procura da aprovação alheia. É um modelo ao qual pode estar ligada uma certa dose dos conhecidos "pobre de mim", "não é minha culpa", "que remédio", "não sou senhor dos meus atos". São temas muito típicos da mentalidade de vítima. Um dos problemas é que, quando o amor lhes é oferecido, essas pessoas não se permitem aceitá-lo por pensarem assim: "Se alguém me ama, ou está desesperado ou não é digno de mim." Por isso rejeitam a possibilidade de encetar um relacionamento salutar. Desafortunadamente, tal como ocorre com tantos outros modelos, tem-se aqui uma profecia que se auto-realiza.

A lição aqui é, primeiro, amar a si mesmo, encontrar o próprio valor e, depois, aceitar o amor que lhe dão os outros. Também, aqui, o entrar em contato com o nosso ser espiritual mais profundo é um meio de reverter o processo de destruição. Também o é o reconhecer que criamos e atraímos precisamente aquele relacionamento pelo qual esperamos no nosso nível mais íntimo.

"O amor dói/Se não estiver doendo é porque não está acontecendo/etc." — É uma enfadonha rotina... Nós criamos aquilo por que esperamos... a experiência revitaliza as nossas expectativas...e assim por diante — mais uma profecia que se auto-realiza!

Se esperamos que o amor seja doloroso, atraímos alguém com quem tivemos experiências dolorosas no passado, ou atraímos alguém cujo desejo é nos machucar; com isso, mais uma vez, nossas expectativas se confirmam. Se pensamos que é necessário sentir dor para que a coisa funcione, uma vez mais vamos atrair alguém que faça com que isso aconteça. Nossa alma gêmea ficará muito feliz de nos atender, especialmente se já estivermos presos a um modelo desse tipo há muitas existências.

Romper com o padrão, reconhecer que se tem tanto o direito quanto a capacidade de levar a bom termo quaisquer relacionamentos, é a única forma de mudar as coisas. Perdoar a si mesmo e aos outros é tão útil quanto desprender-se do passado.

"Eu não preciso de amor" — Separação e isolamento são opções que muitas pessoas fazem para fugir da dor de amor. Embora independentes e fortes na aparência, elas podem estar fugindo de uma antiga mágoa que, por ter sido reprimida no passado, ressurge com grande força. Infelizmente, uma pessoa com esse padrão, mesmo que se aventure a amar, ao menor indício de sofrimento tratará de se retrair, quando não de rebelar-se e brigar. Somente um parceiro muito paciente será capaz de fazer com que alguém que se enquadre nesse modelo se torne seu íntimo. A religação com o espiritual mais profundo e a libertação do antigo sofrimento são aqui de ajuda, mas uma necessidade básica é arriscar-se a conectar também o lado humano, em especial por meio de um contato recíproco. Talvez seja preciso revogar velhos votos e juramentos, como, por exemplo, o do celibato para que o amor possa florescer.

O DEPARTAMENTO DE PLANEJAMENTO

A experiência me diz que uma das principais causas de angústia e dor nos relacionamentos (e, de modo geral, na vida) é um mau planejamento, ou uma decisão que foi tomada antes da encarnação e depois esquecida. Uma e outra coisa estão ligadas ao estágio de planejamento que antecede a encarnação, isto é, ao estágio "entrevidas".

O lugar para o qual vamos depois da morte depende das nossas expectativas e do nível de evolução espiritual que tivermos alcançado; mas chega uma hora em que deparamos com a possibilidade ou obrigação de voltar a este mundo para cuidar de assuntos que careçam de ser resolvidos aqui. Algumas pessoas retornam à carne rapidamente, especialmente se não tiverem ido muito longe, quer em termos de entendimento, quer em termos dos níveis de ser posteriores à morte. Com outras, as coisas não ocorrem bem assim.

A regressão mostra que algumas pessoas passam longo tempo planejando sua vida seguinte e, de modo particular, seus relacionamentos. Elas pedem a membros do seu grupo anímico que assumam determinados papéis, alguns dos quais podem ser extremamente difíceis ou dolorosos. Uma mulher regrediu a esse estágio e descobriu que tinha pedido a uma de suas almas gêmeas que lhe ensinasse a respeito da dor e da rejeição, pois ela tinha de aprender a sentir compaixão pelos outros. E essa alma se mostrou um mestre excelente. Depois de parecer ter ficado perdidamente apaixonado, ele um dia saiu porta afora, sem explicar-se, e ela nunca mais o viu.

Outras pessoas, em situações análogas, constatam que seu amante se afasta pela morte a fim de ensiná-las a serem fortes e autoconfiantes, ou mesmo a abrir caminho para que um outro relacionamento floresça. No relacionamento Lennon-Yoko, por exemplo, quando John Lennon morreu, talvez já fosse tempo de Yoko se tornar uma mulher independente e não aquela simbiótica metade de um suposto todo. Todavia, tão logo John morreu, Yoko começou imediatamente uma nova relação — que persiste até o dia de hoje.[23] Ironicamente, quando Yoko e John, pouco antes, se separaram, foi ela quem o mandou embora: "Para que ele aprendesse o que tinha de aprender." O resultado foi um fim de semana de ano e meio que ele passou com a secretária dela, May Pang (que muitos observadores entendem ter sido o instrumento por meio do qual Yoko, mesmo a distância, o manteve sob controle). Ao final desse período John estava de novo compondo e se apresentando em público. Ele recobrara seu poder criativo. Porém, quando a mulher o chamou às falas, ele voltou humildemente para a sua "outra metade". "Mamãe [Yoko] me deu licença para voltar para casa", disse ele a May Pang. John voltou ao simbiótico relacionamento mãe/filho, que já se tornara um hábito para ele. A essa altura, talvez nem John nem Yoko houvessem aprendido a viver independentemente. Depois de reunidos, tornaram-se ainda mais simbióticos e, durante cinco anos, John ficou em casa para tomar conta do filho Sean, que, por sinal, foi concebido depois da reconciliação. Quando afinal John se viu em condições de se aventurar novamente no mundo, sozinho, ele se dobrou à imposição de Yoko de que seu álbum solo fosse feito em dupla. Imediatamente depois de terminada a obra, ele foi assassinado. Quem sabe o que terão eles planejado nas respectivas entrevidas.

É claro que isso não podemos saber. Uma mulher cujo amante se mostrou desaforado e dado à violência física descobriu que ela havia pedido a ele que fosse assim, para que ela própria aprendesse a ser firme e pudesse gritar: "Não... Chega... já é demais", algo que jamais soubera fazer em existências anteriores. Em última instância, ela acabou encontrando motivos para agradecer-lhe pelo aprendizado.

Algumas pessoas, por alguma razão, omitem esse planejamento do estado "entrevidas" ou, para dizer o mínimo, fazem dele um simples e mal delineado esboço. Elas se deixam empurrar para dentro de um antigo relacionamento, amiúde por força de um juramento do tipo "eu tenho de ficar com ele" ou "cuidarei sempre de ti". Raramente elas se dão ao trabalho de discutir com o grupo qual seria a melhor maneira de crescer.

Mesmo que, na aparência, estejam participando ativamente no planejamento, isso nem sempre acontece. Quando examinei o eterno triângulo entre David, Linda Icke e Mari Shawsun, tive uma visão do planejamento pré-encarnação que eles traçaram ao se reunir para decidir o que fariam nesta vida.[24] Estavam todos sentados ao redor de uma grande mesa, numa sala de reuniões. Estavam presentes, além de consultores, diversos familiares. Cada qual se mostrava grandemente interessado. Muito se discutiu a forma pela qual se deveria alcançar o objetivo. Quando entrou em debate o relacionamento entre David, Linda e seus filhos, pareceu que de súbito Mari se pôs a olhar pela janela. Ela parecia estar dando pouca atenção ao que se passava. Os detalhes decerto não lhe interessavam. Conquanto aparentasse estar de acordo com tudo o que estava sendo decidido, tive a nítida impressão de que, ou ela realmente não estava ouvindo nada, ou estava bloqueando de caso pensado a audição, na esperança de que aquilo que queria que acontecesse, isto é, o seu relacionamento com David, de alguma forma acabasse por ser admitido quando já ninguém se lembrasse do que tinha sido combinado (vale dizer, quando todos houvessem reassumido o corpo físico). Quando a história foi encenada neste mundo, Mari foi da opinião de que o relacionamento entre David e Linda deveria terminar tão logo ela aparecesse; ao passo que David e Linda afirmaram acreditar que permaneceriam um em companhia do outro. A confusão provocou interminável sofrimento e considerável dose de azedume.

Que conseguimos aquilo que mais desejamos é uma das leis kármicas. Isso parece ótimo enquanto não nos lembramos de que decisões do tipo "quero ficar com ele, ou ela, na próxima vez", particularmente quando manifestadas no momento da morte, constituem uma poderosa manifestação de desejo, porém carente de um planejamento no "entrevidas" que decida *como* será o relacionamento — tudo, enfim, com conseqüências desastrosas. A vida pode ser literalmente uma forma de representação. A propósito, minha história predileta é a de uma mulher que jurou durante a regressão: "Ele vai casar-se comigo na próxima encarnação." Ela deu uma gargalhada e disse: "Ele casou-se mesmo. Ele era um vigário." Ela foi feliz. A maioria das pessoas descobre que a alma gêmea que lhes foi destinada é a mulher ou o marido de alguém, seu filho ou filho de algum amigo; ou que a pretendida alma gêmea é do mesmo sexo; ou existe uma grande diferença de idade, e assim *ad infinitum*.

Há quem tenha prometido cuidar de alguém, fazer-lhe companhia, sem sequer haver levado em consideração as conseqüências disso a longo prazo. Talvez essa pessoa tenha de redefinir os contratos kármicos que fez renegociar o conceito de "para sempre". Uma de minhas clientes não conseguia livrar-se do hábito de tomar conta de uma irmã alcoólatra, que dependia dela para tudo. Essa irmã tomava todo o seu tempo. Um dia, minha cliente se casou. Agora, na casa dos quarenta, ela sentia vontade de ter um filho, mas, de alguma forma, a irmã era a sua filha, e tão carente de cuidados que minha cliente se perguntava se lhe sobrariam tempo e energia para cuidar de outro filho. O fato é que as irmãs tinham ficado prisioneiras de um antigo modelo do tipo condutor/conduzido. Mas minha cliente tomou ciência de uma vida em que jurara cuidar da irmã "para sempre". Nessa vida, ela tinha de tomar conta da irmã, então criança. As duas tinham sido muito íntimas, verdadeiras almas gêmeas. Porém, na vida atual já não era assim. Depois que ela redefiniu sua promessa, a irmã pôde tratar de curar-se do vício do alcoolismo. Minha cliente acabou grávida de uma alma que ela sabia que estava esperando sua vez de vir: "Ele é parte da minha alma", declarou.

Da mesma forma, poderemos ter estado com alguém durante várias encarnações e agora nos decidimos a mudar, mas, uma vez reencarnados, esquecemos tudo. Ansiamos pelo amor perfeito que tivemos antes, pela alma gêmea que sabemos que está em algum lugar. Somos atraídos para o reencontro, mas apenas para descobrir que perdemos essa alma gêmea. Temos de nos desligar do passado.

Certa vez dei orientação a uma mulher que há anos tinha um relacionamento com uma alma gêmea, mas não tinha podido viver com esse amante porque ele era casado. Um dia, ele deixou a mulher, divorciando-se. Minha cliente e o amante ficaram "delirantemente felizes". Pisciana, nativa desse signo que aspira a uma união total com a pessoa amada, seu único problema era saber que ela seria capaz de se fundir com o amante, tornar-se una, mas que ele resistia ferozmente. Profundamente chocada, ela temia que fosse um castigo por havê-lo roubado à esposa. Chegou a pensar em suicídio, tão forte era o sentimento de que haviam nascido para ficar juntos. Ele então lhe disse que nenhum dos dois teria como progredir se continuassem na companhia um do outro. Ele tinha de seguir em frente, não podia se unir com ela, como ela tanto queria. Por outro lado, ela tinha o seu caminho para trilhar. Um dia eles iriam se reunir, mas só depois que ela houvesse cumprido o seu karma.

A INCLINAÇÃO PELOS IGUAIS

Aqueles que são a metade de um todo masculino procuram homens... porque sempre propendem para os que lhe são iguais.

— Platão[25]

Quando se fala em almas gêmeas, geralmente se parte do princípio de que se trata de um fenômeno homem/mulher — de que a alma de origem foi dividida entre um homem e uma mulher. Platão, contudo, não pensa assim. Como vimos, ele insiste em que no começo havia seres que eram integralmente masculinos e, por isso, ao se dividirem, tornaram-se duas metades masculinas. Da mesma forma, a alma feminina tornou-se duas metades femininas. Apenas a alma hermafrodita tornou-se parte homem e parte mulher.

Platão é bastante cáustico em relação a esse último tipo de alma:

> *Os homens que são metades de um ser... hermafrodita amam as mulheres. A maior parte dos adúlteros provêm dessa categoria, como também é o caso das mulheres que não resistem a um homem e são sexualmente promíscuas.*[26]

Para Platão, o ideal é o homem que busca sua outra metade masculina:

> *Esses [homens] são o que há de melhor em sua geração, porque são os mais másculos... não é o despudor que determina-lhes a conduta, mas a elevação de espírito, a masculinidade e a virilidade é que os levam a associar-se prazerosamente com os da sua espécie... Sempre que um amante [de homens] ou, na verdade, qualquer pessoa, tem a ventura de encontrar sua verdadeira outra metade, combinam-se então afeição, afinidade e amor para inspirar-lhe uma emoção espantosa, e esse par se recusa, na prática, a ficar separado por um instante que seja... Ninguém poderá legitimamente pensar que é apenas o prazer físico que provoca o*

gozo intenso que proporciona o estar com o outro. É claro que a alma de cada um tem desejos que ela própria não é capaz de expressar.[27]

Talvez se possa acusar Platão de inclinar-se para os ideais gregos da sua época; todavia, seus pontos de vista são válidos. Não existe nenhuma razão pela qual as almas gêmeas, ou almas irmãs, devam ser de sexos diferentes. A regressão a outras vidas mostra com clareza que todos nós não apenas assumimos variados papéis como também nos tornamos homens ou mulheres segundo as necessidades do papel assumido. De modo que, se insistirmos em ficar com a nossa alma gêmea por toda a eternidade, veremos que os relacionamentos homossexuais de quando em quando se tornarão necessários; ou, perscrutando o passado, veremos que sempre foi esse o caminho escolhido pela nossa alma. Há também quem descubra que, tal como acontece com os pares heterossexuais, optamos por encarnar com nossa alma gêmea para apoiar, ou ser apoiado, por alguém a quem amamos do fundo da nossa alma. Por outro lado, talvez pouco se nos dê o sexo do nosso parceiro. O que importa é aprender a nos relacionar intimamente.

Eu fiz um número considerável de regressões e de pesquisas astrológicas tanto em relacionamentos entre homens como em relacionamentos entre mulheres. Na minha opinião, não existe uma resposta única. É bem possível que a teoria de Platão esteja correta: havia três sexos e assim continuou sendo. Um meu amigo efeminado tem a convicção de que a sexualidade é um todo contínuo, e não uma questão de escolha. Ele vê as pessoas como tendendo para uma posição intermediária, isto é, para o heterossexualismo, ou para qualquer um dos extremos de homossexualismo, mas podendo sempre fixar-se em qualquer uma dessas escolhas.

O que veio à tona durante as regressões, particularmente aquelas que levaram ao estágio de planejamento do estágio "entrevidas", variou em função da lição que se pretendia aprender. Para alguns, os relacionamentos com o mesmo sexo têm-se mostrado positivos — não raro, é este o caso de pessoas soropositivas e mesmo inapelavelmente aidéticas. Talvez estejam aí os mais exigentes relacionamentos entre almas gêmeas que ocorrem modernamente. As almas que se orientam para o relacionamento homossexual querem viver, e continuar vivendo, uma experiência que difere da convencional união homem/mulher e que faça aflorar uma faceta diferente da sua personalidade. Por vezes, elas buscam desenvolver seu lado feminino ou masculino, para integrá-lo no seu ser. Outras vezes, sua intenção é explorar a agressividade dos relacionamentos homossexuais masculinos e canalizar essa energia de uma forma diferente, ou encontrar uma saída para o componente maternal que existe na união entre mulheres. Para outras pessoas, nos casos em que houve pouco planejamento, os relacionamentos homossexuais podem ser um modelo que se repete: foram muitas as culturas não-gregas em que a homossexualidade era tida antes como um ideal do que como uma aberração.

Em outros casos, alguém que foi, digamos, mulher durante algumas vidas, talvez se decida por experimentar viver num corpo de homem — o mais das vezes para romper um vínculo anímico a que estava presa. Pode ser que essa escolha seja esquecida durante o período da encarnação e a pessoa se encontre irresistivelmente impelida para uma antiga alma gêmea, que conserva seu antigo sexo. Por outro lado, a pessoa talvez não saiba, em seu interior, como mudar de sexo. É o que aconteceu com uma cliente minha. Ela se via como um jovem efeminado. Seus relacionamentos com homens, convencionais na aparência, baseavam-se, na verdade, mais numa percepção íntima do que no seu aspecto exterior. Durante a regressão ela afirmou que tinha sido um homem efeminado numerosas vezes. De modo que, embora a alma gêmea que buscava devesse ter um corpo que, hipoteticamente, haveria de ser o ideal para completar seu corpo de mulher, ela sabia, no íntimo, que continuaria no mesmo tipo de relacionamento homossexual que sempre tivera. Ela não mudaria sua forma de se relacionar, malgrado houvesse mudado de sexo.

As almas também podem procurar uma orientação homossexual a fim de sentir a dor da rejeição, do isolamento e da humilhação. Em outras palavras, podem querer ser o estranho que se vê afastado da união anímica. E não necessariamente por serem masoquistas (conquanto tenha havido casos em que as almas acreditavam necessitar de castigo e achavam que era esse o meio), mas para desenvolver a compaixão por outras almas na mesma situação. Do ponto de vista deste mundo, não é possível avaliar por que as pessoas escolhem essas encarnações, porém, se o tiverem feito durante o estágio "entrevidas", prevalece a racionalidade, e se constatará que a vida reflete a opção feita.

Uma Longa História

Nós nos amávamos, senhor, e nos encontrávamos.
Como era triste, ruim e doído esse encontro –
Mas como era doce!

— *Elizabeth Barrett Browning*

Como estou sempre às voltas com trabalhos kármicos, é natural que fique conhecendo muitas pessoas que acham que a alma gêmea é parte de sua evolução espiritual. Patrícia é alguém com quem trabalhei longamente, tanto como colega quanto em razão de nossas necessidades terapêuticas pessoais, tudo dentro de um esquema em que ambas sentíamos que essa parceria remontava a um passado longínquo. Ao trabalhar suas vidas passadas, tentei repetidamente que nos fosse dado penetrar no relacionamento dela com seu parceiro, mas sempre nos sentimos como que bloqueadas. Sabíamos, graças aos breves vislumbres que tínhamos tido, e também em razão das intuições dela e do seu amante, que se tratava de uma ligação antiqüíssima e de grande profundidade espiritual. Desde o primeiro encontro com ele, ela percebera que não se tratava de um novo conhecimento, mas de um reencontro. Ambos sabiam que tinham uma tarefa a fazer juntos, mas, por algum motivo, as coisas não estavam saindo de acordo com as expectativas. Havia "algo que atrapalhava".

Eles se haviam conhecido quinze anos antes, numa localidade em que se praticavam esportes de inverno. A atração foi desde logo muito forte:

> John queria que eu fizesse amor com ele. Eu não queria, pois era casada. Um dia, estando eu em casa, ele veio me visitar armado com uma caixa de bombons (Thornton's, meus preferidos). A primeira vez que fizemos amor foi no chão da sala de estar, porque

estávamos com muita pressa. Preliminares... foram pouquíssimas. Eu estava ansiosa demais para aproveitar... estava na menopausa e muito pouco disposta a fazer sexo. Quando o fim de semana terminou, eu me sentia bastante machucada! Foi sexo sem delicadeza. Então fui morar com ele; quando ele tinha tempo de sobra, as coisas iam melhor. MAS — ele costumava acordar excitado e, pela manhã, eu não sirvo para nada. É à noite que me excito com mais facilidade, mas ele dorme direto, de modo que as coisas sempre foram difíceis, a menos que a gente acordasse no meio da noite. Então era ótimo. Ele é muito paciente e faz tudo muito bem-feito, mas eu sempre me julguei um tanto inocente em matéria de sexo.

Sem embargo de suas dificuldades de ordem sexual, eles sentiam que tinham de estar juntos. Com o correr dos anos, contudo, as coisas entraram a piorar nessa área específica da vida. Os relacionamentos mais íntimos foram ficando cada vez menos freqüentes até cessarem por completo:

Quando falávamos no assunto, nós dois concordávamos que nos amávamos muito. Nenhum de nós imaginava poder viver com outra pessoa. Em todas as outras áreas da vida nós nos dávamos muito bem: nas atitudes, nas brincadeiras, nos esportes, nas responsabilidades comuns... em tudo. Ele diz que já não sente atração sexual por mim. Ainda dormimos na mesma cama e, de vez em quando, ficamos nos abraçando. Houve tempo em que ele quis camas separadas e que vivêssemos vidas sexuais separadas. Mas eu disse: "Nada disso, eu não!" Se ele quisesse achar outra pessoa, tudo bem, mas eu não estaria por ali. Assim é que fomos em frente, e ele tem mudado muito... pelo menos é o que espero!

Foi então que ela veio me procurar. Depois de várias sessões, ainda não havíamos chegado à raiz do problema. Então, durante um seminário, ela fez com ele uma sessão do tipo "rompe-laços":

Vejo um pênis grande e torto penetrando minha vagina. Não sei o que fazer. Não consigo me livrar dele. Acho que sou eu que o estou segurando. Estou sentada no chão, as pernas cruzadas, começo a me esfregar nos meus calcanhares e vou-me excitando sexualmente. Percebo que tenho de ter um orgasmo para me aliviar. Quando fico ainda mais excitada, o pênis sai de dentro de mim e já não está torto. Ele volta para o John, então normal, de modo que não preciso decepá-lo! Sinto então todo o amor incondicional que existe entre nós.

Isso foi durante a sessão da manhã. Parecia que ela tinha de desfazer aquele vínculo antes que pudesse ficar sabendo que coisa o provocara. Na parte da tarde, ela fez uma regressão a uma vida passada, especificamente para encontrar a fonte do problema:

> Vejo uma gárgula. É uma igreja. Estou usando um vestido branco, decotado, longo e de mangas longas. Na cabeça, um enfeite com um véu no alto.
>
> John vem vindo. É um casamento. Nós caminhamos juntos na direção do padre. De um lado e de outro da nave estão os bancos da igreja e há também um grande vitral. Nós seguimos em frente para nos casar.
>
> Agora estou num quarto de dormir, olhando pela janela. Ainda é dia claro. Vejo o campo e as vacas. Minhas mãos estão molhadas de suor. Estou apavorada porque sou virgem e não sei o que irá acontecer.

Olhando para ela, dei-me conta de que sua respiração e seu coração se haviam acelerado, ainda que, aparentemente, ela denotasse calma. Seu olhar filtrava-se sob suas pálpebras (é o que chamo de olhar da princesa Diana). Claramente, ela era uma inocente menina que aguardava com muita ansiedade o que estava para acontecer.

> Não consigo virar a cabeça. Não quero olhar. Ele se aproxima e me leva para a cama. É uma cama grande, com quatro reposteiros. O quarto é grande, com duas janelas protegidas por pesadas cortinas de damasco. É recoberto de painéis de madeira, e tem uma lareira.

Ela fica realmente agitada. Está claro que olha para todos os lados menos na direção dele:

Estou em pânico. Não quero olhar... Ahn!...

Uma onda de gritos lancinantes a sacudiu. Ela começou a repuxar os cabelos e a morder a própria mão. Mais tarde disse que não houve nenhum tipo de preparação. Ele não sabia o que fazer, tanto quanto ela, de modo que a penetrou sem prévio aviso. Ela havia mordido a própria mão para disfarçar a dor e parar de gritar. Depois:

> Ele agora se retirou. Estou sangrando. Ele foi se sentar na cadeira perto da janela. Aos soluços, ele segura a cabeça entre as mãos. Caminho até ele e seguro-lhe as mãos. Nós nos amamos tanto. Juramos nunca mais fazer amor, porque ele me ama muito e não quer mais me machucar. Depois disso, vamos dormir em quartos separados. Entre nós existe um grande amor, mas não o expressamos fisicamente.

Eu a fiz seguir até o momento da sua morte, para verificar se algo havia mudado:

> Vejo-me na cama. Estou morrendo. É a mesma cama, o mesmo quarto. Ele, velho, está sentado a um canto. Continua a haver um grande amor entre nós, mas ele nunca mais fez amor comigo... desde aquela primeira vez.

Pedi a ela que reformulasse a cena original (uma das maneiras pelas quais se tenta resolver problemas de vidas passadas) para que pudéssemos alterar o desfecho e desmanchar o juramento, pois ela havia dito: "Não é direito. Não pode ser assim."

> Desta vez, agimos com delicadeza e não nos apressamos. Quando fiquei pronta, ele me penetrou, sem problemas nem dor, com grande prazer meu.
>
> [Desta vez, os sons foram de puro êxtase.]

Depois da reconstituição, ela voltou ao momento da morte:

> Morro e vou para outra vida. Ele vem ao meu encontro, nós nos abraçamos e subimos até a luz, num nível bem elevado. Penso com meus botões: "Este é um casamento feito no céu", e sinto uma grande emoção [soluçando e sorrindo ao mesmo tempo]. Grande prazer, grande tristeza. É uma verdadeira união. Estamos unidos num nível mais elevado, que não muda nunca. Vejo o trabalho que temos de fazer juntos e o lugar onde o faremos. Sei como vai ser.

Durante esta última parte, seu rosto estava radiante, mesmo quando soluçava: eram lágrimas de alegria, não de dor. Quando ela se enlaçou com ele, tentava alcançar a luz. O juramento estava desfeito e a dor esquecida.

Interessante é que eles se preparavam para uma viagem pelo mundo. A primeira parada seria em Bali. Ela planejava contar a ele sobre a regressão antes de partir e mostrar-lhe a fita. Se ele achasse conveniente, poderia também revogar o juramento. Ela tem muita esperança nessa lua-de-mel em Bali!

Conhecendo a sua história, comecei a achar, à medida que a regressão se ia desenrolando, que era fascinante ver como tantos aspectos dessa história também tinham comparecido no primeiro encontro sexual que eles tinham tido na vida presente. Também me dei conta da força do juramento que fizeram por puro amor, e tive certeza de que ele teria de ser revogado para que eles pudessem realmente realizar-se nesta vida. Estava claro que se tratava de dois espíritos afins que a tal ponto se tinham envolvido no passado que simplesmente não conseguiam desvincular-se. Não obstante, alguma coisa os manteve juntos. O grande amor que tinham tido havia de certa forma causado o problema, mas foi também o que lhes deu a possibilidade de saná-lo na vida presente.

Espíritos Afins

Se me tens de amar,
faze-o tão-só
pelo amor.
— *Elizabeth Barrett Browning*

Quando comecei a estudar as almas gêmeas, percebi que tinha de identificar os determinantes dos bons relacionamentos entre elas. Eu reunira tantas histórias de encontros dolorosos, tratativas não concluídas e desencontros que senti a necessidade de falar com gente cujos relacionamentos tinham dado certo. Queria diferenciar a interação difícil, porém contínua, da saga que examinamos no capítulo anterior, do crescer juntos com felicidade. Assim foi que falei com Kate, uma atriz que — decerto para quem via a coisa pelo lado de fora — parecia pertencer ao último grupo:

> Meu marido e eu estamos casados há sete anos e meio. Nossa aproximação foi uma inacreditável obra do destino, pois eu acabava de me casar e Anthony mal acabara de comprar um apartamento com sua parceira. Nossas vidas estavam orientadas numa direção determinada e foi com muita relutância, dor e espanto que nos demos conta de que tínhamos de mudar de rumo.
>
> Não fomos arrancados de nossos relacionamentos anteriores por um sentimento de luxúria, mas foi por uma questão de afinidade que nos aproximamos, por um reconhecimento mútuo, impossível de ser descrito com palavras. Parecia que um forte adesivo espiritual nos prendia um ao outro, pois, no princípio, qualquer um de nós poderia, a qualquer momento, trocar o outro pela segurança e familiaridade que tinha com o ex-parceiro. Porém a partir do instante em que nos conhecemos, tivemos a certeza de que as coisas jamais voltariam a ser como antes, e nossas vidas seguiram suavemente seu caminho.

Esse movimento suave de crescimento e mudança constitui a pedra angular do êxito do nosso relacionamento. Cada qual estende sua rede de proteção para o outro, com o que podemos ambos buscar coisas novas sem sermos estorvados pelo parceiro, mas, muito pelo contrário, com seu total apoio. Para nós é importante que um não interfira no trabalho pessoal do outro; porém a inspiração criativa é sempre bem recebida. A leitura que nos fizeram no dia do nosso casamento, de um trecho de *O Profeta*, resume o tipo de relacionamento que para nós é um sustentáculo:

> *Dá o teu coração, mas não para que outro o guarde,*
> *Somente a mão da Vida é grande bastante para segurá-lo,*
> *Permanece perto, mas não demais:*
> *Pois longe um do outro ficam os pilares do templo,*
> *E o carvalho e o cipreste não crescem*
> *À sombra um do outro.*[28]

A vida que Anthony e eu levamos é alimentada pelos nossos muitos projetos conjuntos em torno de produções literárias e teatrais. Para nós é uma grande alegria representar e preparar em parceria idéias para roteiros e romances. Alguns amigos não compreendem como podemos trabalhar sempre juntos, sem que haja desgastes. Respondemos que nossa criatividade é o pão de que vive o nosso amor. Descobrir e partilhar os talentos do outro é muito gratificante para nós. As ocasiões em que não trabalhamos em colaboração são aquelas em que nos falta criatividade.

Em todos os relacionamentos que me proporcionam satisfação nos níveis familiar e pessoal, existe uma profunda comunicação de almas, um reconhecimento recíproco da essência de cada um. Assim, esse sentimento não se restringe à minha parceria com Anthony, mas com ele é mais forte do que com qualquer outra pessoa, não há razão para esconder isso. Não temos receio de nos mostrarmos um ao outro como realmente somos. Existe entre nós um halo colorido que aparece na melhor fotografia do nosso casamento.

A liberdade de apenas estar com o outro significa que desfrutamos de uma união bastante lúdica. Sempre que possível, curtimos à tarde uma gostosa soneca. Entramos em contato, verificamos se o outro está bem.

A questão de sermos ou não almas gêmeas pode, por um lado, nos tornar complacentes, e, por outro, nos sobrecarregar com falsas expectativas, de modo que procuramos evitar rotulações desse tipo. Para meu parceiro e eu, estar juntos é um inesperado e glorioso milagre. Temos nossos desafios, mas os enfrentamos juntos. Existe entre nós uma maré de amor que vem e que vai e nos traz realização e divertimento. Não há como analisá-la; ela simplesmente acontece. Estar juntos é quanto basta.

Falei também com duas pessoas que, aos olhos de todos, parecem ser almas gêmeas. Todos os que as conhecem afirmam que elas têm um relacionamento perfeito. Elas se amam e apóiam extremadamente, sem serem co-dependentes ou simbióticas. Bianca disse, quando pela primeira vez me referi a almas gêmeas: "Sei que o Jack está agora na Terra apenas porque eu lhe pedi que ficasse comigo nesta encarnação." Ao lhe perguntar o que fazia deles duas almas gêmeas, que coisa possibilitava que o relacionamento entre eles corresse tão bem, ela me deu uma resposta surpreendente:

> Encontrei uma dificuldade imensa para escrever sobre almas gêmeas; até mesmo para gravar em fita alguma coisa sobre o assunto. Somente agora, depois de fazer uma sessão de psicografia, é que me dou conta do motivo.
>
> Eu tinha para mim que Jack e eu éramos almas gêmeas. Errado. Nós nos damos extraordinariamente bem, mas isso em virtude da prática que temos, das diferentes missões que realizamos juntos em diferentes ocasiões.
>
> Ao que penso, as almas gêmeas provêm de um mesmo grupo de almas. Não é o que acontece com Jack e eu. Nós vimos de grupos anímicos semelhantes e complementares, porém muito distantes entre si do ponto de vista deste mundo. Parece que seria desperdiçar os recursos do grupo pôr duas almas na mesma situação, já que o objetivo do grupo é adquirir o maior número possível de experiências variadas. É raro duas almas do mesmo grupo

encarnarem juntas. Isso só acontece quando existe uma situação especialmente complicada por resolver, uma situação que exija uma dose suplementar de compreensão e apoio.

No passado, pensei em Jack como uma alma gêmea; talvez ele seja, num certo sentido. É meu amiguinho, mas de outro grupo de almas. Esses grupos parece que se reúnem, trabalham com mútuo proveito, ampliando, assim, a área de compreensão. Penso que, no nosso caso, tendo realizado juntos vários trabalhos, nosso relacionamento é fácil, e isso faz com que muitas pessoas se sintam constrangidas e, por vezes, com ciúmes; mas, na verdade, somos capazes de nos sairmos bem nesta vida, ajudando-nos um ao outro.

Acredito sinceramente que foi apenas por que lhe pedi que Jack está agora aqui. Se você o conhecesse, compreenderia.

Tudo isto parece pretensioso demais; tenho medo, mas cá estamos nós. Esta é, sem sombra de dúvida, uma das características do meu grupo. Embora, está claro, trate-se apenas da visão que tem o nosso grupo em seu atual posicionamento na escala da evolução. Sem dúvida, tudo mudará à medida que aumentem as informações. Estamos num terreno escorregadio. Nunca se pode ter nada como um fato consumado.

Em vista das coincidências que ocorreram em nossas vidas e considerando o grande número de pessoas que nós dois já conhecíamos, a visão retrospectiva deixa claro que Jack e eu criamos muitas situações que, de uma forma ou de outra, trabalharam para nos aproximar. Ainda bem que não nos fechamos a ponto de não perceber os sinais!

Muitas vezes, enquanto escrevia este livro, conheci pessoas que foram obrigadas a rever seus conceitos de almas gêmeas à luz de suas próprias experiências. Não raro aconteceu que elas julgavam saber o que eram as almas gêmeas, mas, examinando as evidências que suas próprias vidas lhes forneciam, acabaram por dar-se conta de que eram outra coisa. Bianca foi a única que, perscrutando a fundo o assunto, conseguiu realmente chegar ao seu grupo original de almas e descobrir que, contrariando as expectativas, ela e Jack provinham de grupos diferentes. Todavia, é fora de dúvida que trilhavam juntos os mesmos caminhos ao longo de inúmeras existências: eles são verdadeiramente espíritos afins.

Milagres Acontecem

O que quer que pretendas fazer, confia na tua paixão; ela despertará a tua criatividade, te manterá atento aos teus mais sagrados desígnios e te ajudará a te sentires vivo.

— David Lawson[29]

Há cerca de um ano, eu e minha procuradora, Susan Mears, estávamos a caminho de uma reunião com meus editores, Thierry e Karin Bogliolo, da Findhorn Press, a quem eu não conhecia mas tinha de entregar um manuscrito. Antes de chegarmos, Susan sugeriu que nos encontrássemos com dois outros escritores de cujos interesses ela cuidava: Justin Carson e David Lawson. Ela achava que teríamos coisas interessantes sobre que falar. O breve encontro que mantivemos foi suficiente para deixar claro que se tratava de pessoas muito especiais. Permanecemos em contato. Pedi-lhes que dessem sua contribuição a esta obra, porque pressenti que a história deles — ainda que pouco a conhecesse — era deveras interessante. No entanto, foi apenas quando eu estava escrevendo as últimas páginas deste livro que tomei conhecimento pleno dos fatos e percebi o quanto eram extraordinários:

David

Conheci Justin num sonho e, embora não seja o que eu costumava considerar o "homem dos meus sonhos", nosso relacionamento tem sido na realidade infinitamente melhor do que qualquer coisa que se possa sonhar. A primeira recordação consciente que guardo de Justin é uma sensação com que acordei certa manhã de verão, em 1987. Era algo mais quente e brilhante que o sol de agosto que filtrava através da persiana da janela do meu quarto de dormir. Dentro de mim nascia também uma luz nova que, à medida que eu tentava adaptar os olhos à claridade, ia penetrando mansamente minha consciência. Eu sabia que já o tinha conhecido. Eu tinha feito contato com o homem que planejava encontrar e, num nível sutil, havíamos discutido a possibilidade de compartilhar nosso futuro. Eu não tinha a menor idéia do aspecto dessa pessoa até que nos encontramos fisicamente, assim como tampouco recordava os detalhes daquilo que havíamos discutido, mas eu tinha absoluta certeza de que o conhecia. Era uma sensação forte demais para ser ignorada.

Tivemos alguns encontros semelhantes durante o mês de agosto e princípios de setembro. Houve outras manhãs em que despertei com aquela sensação toda especial e com a certeza de que aquele homem e eu estávamos forjando um peculiar contrato espiritual. Se eu tivesse tido plena consciência do que continha esse contrato nas entrelinhas, teria aguardado com mais receio e nervosismo o passeio de montanha-russa que estava por acontecer. Meu relacionamento com Justin tem sido o mais positivo, emotivo, provocante e apavorante da minha vida! Servi-lhe de enfermeiro durante três doenças graves e, solitário, aguardei numa sala de espera de hospital, repetidas vezes, que ele saísse vivo de uma sala de cirurgia, transacionando com Deus na esperança de que Justin me fosse restituído vivo e bem. Passei anos acreditando que, acontecesse o que acontecesse, ele teria uma recuperação miraculosa, até que, certa vez, pensei que de fato ele ia morrer e comecei a me preparar para a eventualidade, buscando achar dentro de mim a coragem para aceitar as coisas se Justin tivesse de partir. Precisamente quando encontrei a força interior necessária para me conformar, Justin teve a mais profunda e extraordinária das recuperações.

Ao longo de tudo isso, Justin e eu criamos e dirigimos alguns bem-sucedidos cursos de desenvolvimento pessoal que influenciaram a vida de muita gente em todo o mundo; fizemos várias viagens a lugares lindos e exóticos; vivemos a vida com prazer e compartilhamos tudo, desde a comida até os nossos mais luminosos e elevados segredos. Durante esse tempo descobri que os segredos mais luminosos e elevados são muito mais interessantes que os mais profundos e obscuros pensamentos!

Justin

Tenho a dizer que a idéia de buscar uma alma gêmea me parece curiosa, senão falsa. Dizem que a vida é algo que acontece quando estamos planejando outras coisas, e suspeito de que o mesmo vale quando o assunto é estabelecer uma relação. Se passarmos a maior parte do tempo procurando por ela, é provável que ela mais e mais se distancie de nós. É claro que convém se preparar espiritual e emocionalmente, mas é problemático planejá-la ou procurá-la.

No meu caso, minha preparação para os relacionamentos consistiu na repetição de coisas ligadas àquilo que eu queria criar para mim em matéria de vida e da capacidade de perdoar, tanto a mim próprio quanto a antigos relacionamentos, de modo que, em certo sentido, ao se aproximarem os acontecimentos, eu já estava pronto para eles.

David

Não estava exatamente nos meus planos encontrar uma alma gêmea, mas antes que Justin e eu nos conhecêssemos, estive ativamente empenhado em planejar como atrair o parceiro ideal e criar um relacionamento amoroso ideal, durante muitos meses. Na verdade, cada um à sua maneira, estivemos os dois planejando conscientemente um relacionamento e usando técnicas positivas de pensamento para atrair e ficar abertos à vinda da pessoa certa nas nossas vidas. Um amigo me havia dito que uma verdadeira alma gêmea era alguém que personificava a outra metade da nossa própria alma e que, se encontrássemos essa pessoa, nos sentiríamos a tal ponto completos que desanimaríamos inteiramente de perseguir nosso propósito espiritual e nos esqueceríamos do nosso potencial maior. Ele me disse que quase todos os que formam relacionamentos espirituais íntimos fazem-no, na verdade, com alguém que se parece muito com sua alma gêmea. É uma ligação que pode ser descrita como sendo igual à de duas peças de um mesmo quebra-cabeça, que se encaixem bem, mas não de uma forma inteiramente perfeita. A semelhança basta para justificar uma forte atração e criar oportunidades espirituais especiais, mas a diferença basta para justificar o desenvolvimento e a transformação positiva que caracterizam a vontade de cada um. Essa teoria teve para mim muito sentido na ocasião, de modo que me pus a procurar o homem que haveria de ser o meu "par quase perfeito".

Com regularidade, entreguei-me a meditar e a imaginar com que espécie de homem eu gostaria de compartilhar a minha vida. Eu queria alguém tão interessado no seu próprio desenvolvimento pessoal e espiritual como eu mesmo no meu. Queria um homem que me ajudasse a rir da vida e me ajudasse no poderoso fluxo de pensamentos positivos que eu começara a desenvolver nos últimos anos. Criei um perfil bem definido, que incluía uma clara percepção do impacto que eu queria que o parceiro ideal tivesse na minha vida e nas minhas emoções, bem como um rol das qualidades que eu desejava que ele encarnasse. Percebi que o preparo do terreno para essa peculiar união reclamava algumas mudanças positivas no meu íntimo, de modo que minhas crenças e meu comportamento me habilitassem para ela. O amor pode muito bem passar despercebido por nós se não houvermos aprendido a procurar por ele e a reconhecê-lo, e a experiência me diz que isso de reconhecer o amor vem sempre acompanhado do desejo de amar a si mesmo. Criei toda uma coleção de afirmativas positivas para meu uso diário; queimei velhas cartas de amor que me prendiam ao passado, perdoando com isso antigos "casos" e me libertando das velhas e desgastadas fantasias que cercam as expectativas em torno dos relacionamentos.

Justin

Eu havia feito no I Ching uma leitura que me esclarecera que o melhor seria ocupar-me de fazer coisas em benefício dos outros. O conselho se provou excelente, porque não apenas me encontrei diante de um mundo de pensamento inteiramente novo, como também fiquei conhecendo a pessoa com quem estou há nove anos.

Eu vinha de terminar meu primeiro curso de desenvolvimento pessoal: algo chamado de "Método Silva", que nos ensina a usar criativamente os pensamentos para melhor conseguir aquilo que mais queremos na vida. Achei o enfoque demasiado mecanicista — muito bom se a idéia fosse introduzir na sua vida um Ford Fiesta, porém menos satisfatório quando se tratasse de determinadas aspirações pessoais e espirituais de crescimento. Não vai aqui nenhuma crítica pois, aprendendo algumas técnicas bem simples, pode-se parar nesse ponto ou, como foi o meu caso, usar os princípios para lançar-se em áreas inteiramente novas.

Um curso de fim de semana ensinou-me técnicas básicas de cura e também me fez conhecer um grupo com o qual organizei uma fundação de cura grátis, voltada principalmente para o atendimento de portadores do vírus hiv* e de pacientes de moléstias correlatas.

Durante esse tempo, eu usava minhas técnicas de pensamento positivo para todas as finalidades possíveis e imagináveis. As coisas iam bem para mim. Eu tinha um carro "joinha" e me sentia muito feliz em casa. Mas, na verdade, faltava-me algo. Eu tinha lido uma excelente obra de ficção de autoria de Armistead Maupin, intitulada *Contos da Cidade*, na qual uma personagem chamada Mona propunha uma coisa denominada "Lei de Mona". Em poucas palavras, ela dizia que se pode ter duas destas três coisas: um bom emprego, um grande relacionamento e um belíssimo apartamento; mas não se pode ter todas as três ao mesmo tempo. Fazendo um retrospecto da minha vida, constatei que quase sempre eu tinha tido duas dessas três coisas, diferentemente combinadas, mas nunca tivera as três simultaneamente, e me dei conta de que estava começando a integrar na minha realidade pessoal a verdade dessa ficção. Era mais ou menos como viver o enredo de um filme, mas eu estava vivendo a "Lei de Mona".

Uma das técnicas de pensamento positivo que eu estava usando é conhecida como visualização — que prefiro chamar de "devaneio criativo" — e nela usamos a imaginação para criar para si próprio uma nova realidade. Há uma outra técnica, denominada "afirmações", usada para modificar crenças básicas que se tenham

---

* David e Justin preferem usar as formas minúsculas — "hiv" e "aids" — por acharem que a doença não merece tanto alarde.

acerca de determinadas coisas. A teoria é que pensamentos contribuem para a criação da nossa realidade e que, desde que nossos pensamentos sejam criativos e positivos, será mais provável que atraiamos os resultados que cobiçamos.

Durante um certo tempo, alimentei pensamentos deste tipo: "Crio agora, com um homem lindo e maravilhoso, um perfeito relacionamento de amor, carinhoso, sensual e espiritual." Um dos meus meios de vida é ensinar a pensar positivamente, e costumo brincar dizendo que, no processo de desenvolvimento desse "relacionamento perfeito", experimentei muitas vezes alguma coisa que posso chamar de "acidentes de percurso". Eu conhecia alguém e dizia para mim mesmo: "Agora, sim.... Estou ... Não, não estou." E a coisa se repetia indefinidamente. Sob certo aspecto, era bastante divertido. Eu ia a muitos restaurantes, devaneava, fazia passeios ao luar e tudo o mais, mas, de repente... Em geral era uma questão de dias. Para ser honesto, meus melhores relacionamentos jamais tinham sido grande coisa.

Todavia, não interrompi meu trabalho voluntário. Eu havia conhecido um dos maiores especialistas em hiv do Hospital St. Stephen, em Londres, e, junto com meus recém-adquiridos amigos, ofereci gratuitamente nossos serviços de assistência nas curas. Ele pensou que éramos loucos, mas se dignou dizer que a própria medicina não tinha soluções e, já que era assim, seríamos bem-vindos na enfermaria desde que não nos insinuássemos a nenhum dos doentes.

Parecia justo, e assim foi que distribuímos alguns folhetos na enfermaria e, ocasionalmente, fomos convocados a ajudar em algumas curas, o mais das vezes, diga-se com excelentes resultados.

Decidimos então que uma das coisas que podíamos fazer era ensinar aos portadores do hiv como conservar a saúde. Na minha opinião, um dos aspectos mais devastadores das crises de aids é a sensação que se tem quando se recebe o diagnóstico de soropositivo: aí a pessoa se sente no alto do despenhadeiro da morte. Por isso, desenvolvemos um curso em que mostrávamos às pessoas as mais variadas alternativas, desde os fitomedicamentos até certas técnicas clássicas de pensamento positivo.

Eu estava à beira da exaustão emocional. Isso de me apaixonar por duas semanas — dois dias, às vezes — estava se tornando tremendamente esgotante, e a tal ponto que comecei a dizer, mesmo para os meus melhores amigos, que se a próxima vez não desse certo eu desistiria inteiramente da idéia de ter um relacionamento. Claro que isso não era o mais provável que acontecesse, mas o pensamento sem dúvida era esse!

Então o meu grupo de cura promoveu um seminário de auto-ajuda dado por uma mulher chamada Carolyn Myss, que pratica o que chama de "Diagnóstico Intuitivo". No seu campo de especialidade, ela é bastante famosa. Aparentemente, é procurada por médicos de todos os cantos dos Estados Unidos, que lhe telefonam dizendo que têm um paciente cujo mal eles nem de longe imaginam o que possa ser; ao que ela invariavelmente apresenta a solução, segundo afirma, com um percentual de acerto da ordem de 95%. Carolyn Myss fazia uma palestra sobre as causas emocionais da aids. Minha tarefa era receber, à porta, os donativos. Creio que até eu contribuí. Foi então que, sem saber o que estava para acontecer, troquei as primeiras palavras com o meu futuro parceiro: "São duas libras, por favor."

Daí em diante, tudo aconteceu com vertiginosa velocidade. Nós nos conhecemos num domingo e, na quinta-feira, ele já tinha se mudado para a minha casa; a cautela com que eu habitualmente tratava esse tipo de coisa tinha ido para o espaço. Na verdade, não raro eu franqueava a minha casa a novos amigos, sem nunca me haver dado mal com isso. Eu tinha conhecido pessoas que queriam usar a máquina de lavar ou que não tinham o que fazer naquele dia, e lhes tinha emprestado as chaves ao sair para o trabalho. Mas agora era diferente. Eu estava "dando as chaves".

David

À primeira vista, Justin não era a pessoa com quem eu optaria por passar o resto da minha vida. Era charmoso e bonito, inteligente e loquaz, dono de uma inteligência curiosa e namorador por natureza. Ele parecia sintetizar a instabilidade e a modernidade do homem urbano. Em contrapartida, eu imaginava alguém com um diferente tipo de atração, alguém mais telúrico e menos bonito.

Todavia, quando nos conhecemos e nos falamos pela primeira vez naquele seminário, achei-o extraordinariamente envolvente. Quando o seminário terminou e muitos já se diziam adeus para voltar para suas casas, percebi que eu não era capaz de ir embora e, não sei por quê, pus-me a ajudar os organizadores a arrumar o salão e a empilhar as cadeiras, como que sentindo que não ficaria bem retirar-me cedo dali. Arrumado o salão, nenhum motivo razoável havia para que eu continuasse no local. Contudo, eu não conseguia ir até a estação do metrô para apanhar um trem que me levasse de volta. Quando o cidadão charmoso e envolvente que eu conhecera há pouco ofereceu-me uma carona, aceitei sem pestanejar. Pelo jeito, eu acabara de resolver um problema e ... criar outro.

A caminho, falamos a respeito do seminário de que havíamos participado, a respeito de nossas vidas e do desenvolvimento espiritual. Justin se mostrava especialmente encantador, espirituoso e irreverente. Sua sedução era tanta que, ao nos aproximarmos da minha casa, eu já sabia que não queria sair do carro e, menos ainda, perdê-lo de vista. Eu não queria que todo aquele brilho que ele esbanjava desaparecesse da minha vida. Louco por encontrar um motivo para prolongar por ainda algumas horas a nossa conversação, sugeri que encostássemos o carro e fizéssemos um passeio a pé. Ao terminar o passeio, eu já estava apaixonado; ao terminar o jantar que se seguiu, eu estava convencido de que havia encontrado o parceiro da minha vida e, com uma velocidade de tirar o fôlego, mudei-me para a casa dele quatro dias depois.

Justin

Ainda que eu logo soubesse que sabia, e sabia que ele sabia que sabia, suspeito que David tinha de pôr à prova que ele sabia que eu sabia, e, para fazê-lo, mandou cortar seus cabelos compridos que eu não cansara de elogiar e dizer que achava muito atraentes os homens que deixavam crescer os cachos daquela forma. Creio que foi assim que ele mostrou para si mesmo que não era apenas a sua beleza que me interessava.

Mencionei o "devaneio criativo" como uma forma de provocar os acontecimentos. Em parte porque raramente visualizo com clareza, eu não tinha definido claramente como haveria de ser o meu "parceiro perfeito" no aspecto físico. O que foi bom, porque se eu tivesse conseguido entrever com precisão os atributos físicos, e, demais disso, o *status* profissional do meu futuro parceiro, decerto ele não se pareceria com David e não atuaria profissionalmente como ele, embora curiosamente — e somente agora, quando penso no assunto, me dou conta disso — sua excelência profissional e seu tirocínio começam hoje a afigurar-se, em boa medida, exatamente aquilo que há dez anos eu esperava encontrar no parceiro que procurava. Assim, num certo sentido, depois de bastante tempo, meu devaneio criativo original começa a consubstanciar-se. Talvez seja a demonstração de que a pessoa que encontrei não era, na verdade, apenas aquela que eu queria, mas era também a semente daquilo em que ela própria se converteria e daquilo em que juntos nos convertemos; e se tudo já tivesse vindo empacotado e "pronto para uso", nós poderíamos ter ficado privados de uma porção substancial do nosso "crescer juntos". Talvez nem sequer tivéssemos tomado conhecimento um do outro. E os últimos nove anos foram, sem sombra de dúvida, um crescimento. Vivemos juntos, trabalhamos juntos, com grande confiança recíproca.

David

Justin e eu somos muito diferentes um do outro; contudo, nossas semelhanças espirituais parecem óbvias para as pessoas. Suspeito que é a semelhança de propósitos espirituais, combinada com a nossa indispensável intimidade, que faz com que muitas pessoas nos perguntem se somos irmãos. Acontece de entrarmos numa loja ou estarmos numa rua comercial de Londres e sermos abordados por um completo estranho, sempre com a mesma pergunta. Geralmente respondemos "SIM" e seguimos em frente. Quando começamos a lecionar juntos num programa de estudos pioneiro no Reino Unido, baseado na obra de Louise L. Hay, autora de *You Can Heal Your Life*, não raro parecia estarmos falando como que a uma só voz. Um de nós iniciava uma frase e o outro a completava. Idéias que se diria vindas do céu chegavam, na íntegra ou em partes, a cada um de nós ao mesmo tempo. Provavelmente, os alunos do curso nos viam como uma pessoa com duas cabeças, uma das quais (Justin) tendia a prender-lhes a atenção com engraçadíssimas anedotas, enquanto a outra (eu) era uma fonte inesgotável de sabedoria prática e intuição. A idéia que tínhamos, porém, era a de que qualquer um dos dois podia tranqüilamente pisar o terreno de hábito tido como sendo do outro e que, trabalhando em conjunto, ambos poderíamos alcançar algo muito maior que os dons e talentos individuais de cada um.

Graças à força do nosso extraordinário relacionamento no trabalho e na intimidade, não criamos apenas o programa de estudos *You Can Heal Your Life* como também criamos uma série de outros cursos sobre prosperidade, autocura, cura pelas mãos e desenvolvimento pessoal. Escrevemos e publicamos dois pequenos livros e lançamos no mercado três fitas de áudio. Nossos cursos começaram desde logo a fazer sucesso, tornando-se progressivamente mais fáceis de divulgar. Nós nos engajamos numa parceria em regime de tempo integral, viva, amorosa e voltada para o trabalho. Os amigos a um só tempo se encantavam e se horrorizavam diante disso. Como podiam duas pessoas passar tanto tempo juntas sem endoidar ou cometer algum ato de indizível violência? Muitos foram os casos em que alguém se imaginou na nossa pele, passando 24 horas por dia em companhia do marido, da mulher ou do parceiro, e se horrorizou com a idéia! O que posso dizer é que conosco isso sempre funcionou muito bem. É claro que tivemos nossas discordâncias em relação à vida, mas nunca sobre qualquer outra coisa, e, nos nossos nove anos de convivência, só me lembro de uma briga feia.

Aos quatro anos do nosso relacionamento, tive uma conversa com um amigo acerca da natureza da felicidade. Ele não acreditava na possibilidade de uma felicidade duradoura; talvez momentos felizes, mas nada que fosse regularmente suprido em doses diárias. Foi então que me dei conta de como eu era feliz e de como a minha felicidade crescera desde que eu conhecera Justin. Ao passo que nem por um instante imagino a vida e, especificamente, nossas respostas emocionais a ela, como coisas estáticas, eu creio piamente que a felicidade será um visitante habitual dos corações e dos lares daqueles que fazem o possível para permanecer à disposição dela. Se não acreditamos na felicidade, não lhe damos espaço para que se instale na nossa vida. Todavia, percebi também que para que o nosso relacionamento continuasse a crescer, era talvez necessário que Justin e eu chegássemos a um ponto em que cada qual de nós precisaria de reservar algum tempo para seus objetivos individuais, mas eu não sabia então qual seria o tipo de catalisador exigido para nos colocar no rumo mais bem indicado. Quando afinal surgiu esse catalisador, minha felicidade não ficou abalada, mas foi um choque que me obrigou a pôr — e a tornar a pôr à prova — tudo aquilo em que eu acreditava. Quanto a Justin e eu, nossa capacidade de nos amar e de confiar um no outro aumentou, como, aliás, continua aumentando.

Em abril de 1992 diagnosticaram em Justin um câncer no palato ligado à aids e logo ele se viu às voltas com uma combinação de terapias ortodoxas e complementares. Se, por um lado, tínhamos sempre aceitado sem dificuldade as doenças alheias, nos nossos cursos, e aventássemos terapias igualmente repartidas entre o ortodoxo e o alternativo, jamais nos ocorrera que um de nós poderia adoecer. O trato com o dia-a-dia do nosso negócio, com a quimioterapia semanal a que Justin tinha de se submeter, somado ao nosso acanhado conceito de que os agentes de cura tinham, necessariamente, de andar vendendo saúde, tudo isso nos impeliu a tomar novas decisões a respeito da nossa vida e do nosso relacionamento. Algo tinha de acontecer. E aconteceu.

Na esperança e na crença de que aquilo não seria o fim da nossa carreira de docentes, adiamos alguns cursos e eu preferi dar seqüência a outros por minha conta. Os seminários que dirigi sem a presença de Justin representaram uma trégua no atendimento que eu lhe dei durante todo o tempo e, malgrado eu já fosse professor antes de nos conhecermos, eles também me lembraram as qualidades individuais de cada um que sempre trazemos para a matéria que ensinamos e, ainda, que podíamos seguir sendo conjuntamente criativos, mesmo não estando sempre na mesma sala ao mesmo tempo. Juntos, administrávamos os efeitos da quimioterapia de Justin — uma sensação de náusea mais ou menos permanente, rápida queda dos cabelos e marcante alteração na personalidade: de extrovertido que era, ele se tornou taciturno, contemplativo e introvertido. Ao mesmo tempo, apesar de chocado e exausto, para mim a necessidade de desenvolver a minha criatividade tornou-se imperiosa. Eu precisava sentir que meu trabalho não ficara comprometido durante essa difícil quadra da nossa vida. Senti o impulso irresistível de entregar-me a algo que expressasse e possibilitasse a boa saúde, e a sanidade mental que nos pertenciam por direito.

A criatividade sempre foi algo muito importante para mim. Antes que Justin e eu nos conhecêssemos, eu tinha sido ator, declamador e dramaturgo, autor de pequenas peças teatrais. Mexera também com cerâmica, composição e algumas outras formas criativas de expressão. Quando Justin adoeceu, minha criatividade foi possivelmente a minha salvação, além da firme crença de que iríamos viver e melhorar. Eu também alimentava desde a infância a esperança de que um dia seria um escritor profissional. Eu não sabia que espécie de livros iria escrever, mas imaginava que seriam romances; porém, sobre quando isso aconteceria, eu não fazia a menor idéia. Decerto, o tempo integral que eu dedicava a ministrar cursos de cura e desenvolvimento pessoal não deixava espaço para que a minha criatividade medrasse plenamente. No entanto, quando Justin terminou o tratamento e entrou em convalescença, instalou-se um vácuo na minha vida, e, como é sabido, a natureza abomina o vácuo. Dentro de pouco tempo um conhecido apresentou-me a Susan, uma mulher maravilhosamente sensível e bem dotada que se tornou minha procuradora e grande amiga. Susan incentivou-me a escrever um breve prospecto sobre astrologia, saúde e pensamento positivo com que eu sonhava e, pouco depois, encontrou três editoras comerciais interessadas em publicá-lo. Nos dois anos que se seguiram, esse pequeno prospecto ampliou-se e se transformou em *Star Healing — Your Sun Sign, Your Health and Your Success*. Desde então escrevi outras obras sobre cura, crescimento pessoal, xamanismo e mitologia egípcia e, no momento, estou escrevendo um livro sobre desenvolvimento psíquico.

Durante esse intervalo, Justin emergiu do câncer como uma borboleta deixa o casulo. Talvez fosse uma borboleta com asas ligeiramente deformadas, mas sua consciência espiritual tinha-se desenvolvido enormemente, agregando uma maior profundidade emocional ao charme e senso de humor que ele sempre tivera. Ele interrompera a quimioterapia ao chegar ao segundo terço do tratamento e estava eliminando as toxinas do seu organismo mediante uma mistura de técnicas dietéticas, fitoterapia, acupuntura e pensamento positivo. Temos a sorte de contar entre nossos amigos mais chegados com alguns brilhantes terapeutas alternativos, donos de grandes conhecimentos especializados. Esses amigos eram, e ainda são, a ponta do *iceberg* de amor e ajuda que sempre recebemos. Amigos, familiares e clientes de todas as partes do mundo nos enviavam orações de cura, pensamento positivo e luz. Indiscutivelmente, esse tipo de solidariedade nos ajudou a sobreviver aos nossos problemas e a chegar a uma posição que nos permitiu florescer, expandir e crescer.

Durante dois anos e meio a saúde de Justin manteve-se relativamente estável. Voltamos a lecionar juntos, comedidamente a princípio e com intervalos mais longos entre um curso e outro, mas o trabalho que fizemos foi mais regular, mais prático e mais maduro. Alugamos nossa casa por um ano e dividimos o tempo entre o Reino Unido, a Irlanda, o sul da Espanha e os Estados Unidos. Fizemos o possível para encontrar um meio-termo entre suspirar de alívio diante da nossa boa sorte e reconhecer que muitas coisas no nosso relacionamento haviam mudado, como o receio e a incerteza quanto ao futuro que se tinham apossado de nós. Hoje, como agente de cura, tenho consciência de que a maneira mais saudável de encarar a vida é dar-se conta de que, embora se possa fazer planos positivos para o futuro e abrir-se para experiências positivas, ninguém pode mesmo controlar o futuro. O melhor é estar atento ao presente e fazer o possível para viver o dia-a-dia. Todavia, Justin passou por um período em que achava que o futuro estava inteiramente perdido para ele. Sua visão do futuro o confundia e ele não se sentia seguro quanto às diretrizes pessoais a adotar. Houve ocasiões, mais tarde, em que eu mesmo me senti assim. Era como se a ilusão de estar num relacionamento estável e duradouro, com todas as fantasias sonhadas por antecipação, já não se aplicasse ao meu caso. Todas as vezes que organizávamos umas férias ou eu assinava um contrato para um livro, eu vacilava, com medo de dar um passo em falso. E se Justin voltasse a adoecer e eu tivesse de cancelar ou terminar alguma coisa com que me houvesse comprometido e, ao mesmo tempo, cuidar dele? E se estivéssemos viajando e ele adoecesse no caminho? Suspenso, mas não abandonado em definitivo o nosso hábito de pensar positivamente, nós cuidamos de identificar nossos temores mais profundos e nos entendermos com eles.

Fiz contratos para mais livros e continuamos a viajar. Estávamos passando o inverno no sul da Espanha quando, novamente, Justin ficou muito mal. Apesar do medo que já carregávamos conosco, soubemos lidar com a situação. Voltamos de armas e bagagens para Londres e, com a ajuda de um amigo, internamos Justin num hospital. No próprio quarto do hospital liguei meu computador portátil e comecei a escrever. Foi durante esse período de cerca de dezoito meses que, depois que Justin recuperou-se de uma toxoplasmose, eu finalizei quatro livros. Ainda que eu tivesse preferido estar menos ocupado na ocasião, nós dois encontramos meios para levar adiante as coisas, graças ao apoio e boa vontade de médicos, enfermeiros, terapeutas, colegas e editores. O medo é sempre mais difícil de enfrentar do que a própria realidade.

Justin

Meu processo de crescimento tem sido marcado por uma grave doença, e nós temos tratado de enfrentá-la. Nos meus melhores momentos, vejo a moléstia propriamente dita como um componente do meu processo de aprendizado, conquanto, para ser franco, preferiria aprender minha lição de uma outra maneira. Todavia, essa é a maneira pela qual aprendi e continuo a aprender. Nem sempre foi divertido, e mexeu com o nosso relacionamento de uma forma para mim insuspeitada, para a qual eu, sinceramente, não estava preparado, mas à qual sou grato. Sei que agora temos uma consciência de nós mesmos ligeiramente diferente daquela que tínhamos ao nos conhecer. Penso que temos uma compreensão a nosso respeito, a respeito um do outro, e da vida, que não tínhamos no começo, e me sinto grato por isso, conquanto alguns dos desafios que deparamos tenham sido muito mais duros do que poderíamos supor. Uma das áreas do nosso relacionamento que não parece ser para nós motivo de preocupações — embora eu tenha testemunhado que, ao longo dos anos, fez desmoronar as ligações entre numerosos dos meus amigos — é o lado financeiro da vida. O "quem paga o quê" é um item do relacionamento que, no começo, simplesmente não tem a menor importância, mas pode, com o tempo, comprometê-lo seriamente. Já mantive relacionamentos nos quais esse assunto sempre teve uma importância maior e suspeito que se deve creditar à naturalidade de todo o nosso processo que nunca tenha sido entre nós um pomo de discórdia. Nem mesmo temos um sistema de trocas do tipo "eu pago a conta da gasolina e você lava a louça por um mês", e, uma vez mais, acho muita sorte não nos preocuparmos com isso. Na verdade, eu diria que em alguns dos relacionamentos mais bem-sucedidos de que tenho notícia o aspecto financeiro sequer é levado em conta.

Será David minha "alma gêmea"? Para ser franco, não sei! O que sei é que a vida não seria a mesma sem ele; penso, mesmo, que eu nem estaria vivo se não fosse ele. Um dos aspectos da minha cura é, em parte, o não estar preparado para ir embora; estou certo disso. Ele é importante demais para mim para ser deixado para trás e, com certeza, não estou preparado para ficar sem ele. Não sei se acredito em reencarnação na acepção clássica do termo. Acho pouco provável que eu tenha sido um escravo na corte de Cleópatra ou uma ameba em algum limo primitivo, mas estou certo de que, no final desta vida, haverá uma "nova aventura" a ser vivida — um novo conhecimento a ser adquirido — e, se alguma parte de David estiver lá também de preferência em pé de igualdade comigo, eu me darei por muito feliz.

David

Foi o sol de inverno que me despertou naquela manhã de fins de novembro de 1996; veio-me então a lembrança da luz que saudou o começo do nosso relacionamento, nove anos antes. Hoje Justin está muito bem de saúde e estamos dando andamento a um movimentado programa de ensino. Como pessoa, ele deixou de ser bonito, charmoso e cativante para se fazer verdadeiramente belo e sábio. Tem um forte carisma e uma tal vinculação com seus recursos interiores que me deixa maravilhado e cheio de respeito e admiração. Nosso propósito de permanecer juntos transcende quaisquer palavras de que eu pudesse lançar mão para descrevê-lo. Cada um de nós supriu o outro com as bases para o seu crescimento espiritual e criador. Nosso companheirismo é feito de amor, alegria e prazer. Nossa jornada comum se torna cada vez mais doce; o agora ganha em entusiasmo e o futuro vai perdendo importância. Quando se ama, cada momento é o melhor de todos. Esta história de amor continua a ser escrita.

UM CASO DE AMOR

DE UMA OUTRA ÉPOCA

Eu te conheci um dia; mas se no Paraíso
nos encontrássemos, eu seguiria meu caminho,
escondendo de ti o meu rosto.

— Robert Browning

Inúmeros são aqueles que esperam que sua alma gêmea irá concretizar todos os seus sonhos. Porém, como vimos, talvez nossa alma gêmea esteja aqui com uma finalidade inteiramente diferente. Às vezes o relacionamento entre almas parece pertencer a um outro tempo que, de alguma forma, penetra de quando em quando na realidade presente, como mostra a primeira destas duas histórias fornecidas por Sue Boase. Pode haver também um dilema subjacente de liberdade/compromisso que vem rompendo a barreira do passado, pois o homem, embora aterrorizado pela idéia de dedicar-se a uma única pessoa, por outro lado, não consegue livrar-se dela:

O AMANTE QUE FUGIU

Ian apareceu na vida de Diana há treze anos, quando ela entrevistava candidatos a apresentadores de televisão. Eles se deram bem de imediato, trocando idéias criativas e fazendo-se morrer de tanto rir. De pronto, ela lhe deu o emprego. Pouco depois de eles se conhecerem, Diana começou um relacionamento sério com um dos seus diretores, muito embora a relação dela com Ian prosseguisse de vento em popa, com provocações e insinuações de toda sorte, a ponto de os colegas pensarem que se tinham tornado amantes. Mas não era assim. Pelo contrário, eles se estimulavam mutuamente e davam um ao outro um irrestrito apoio profissional e emocional, o que ainda mais se acentuou a partir do instante em que Ian relatou a Diana, em caráter sigiloso, seus problemas de bulimia.

O romance de Diana evoluiu para o casamento e, como seu pai, por questões de saúde, não pôde proferir um discurso durante a cerimônia, Ian tomou a si essa tarefa. Pouco depois do casamento, Ian foi para os Estados Unidos para dar seqüência à sua carreira, onde logo conheceu Célia, uma ex-modelo que padecia dos mesmos males alimentares que ele. Apavorado ante a perspectiva de ter de entrar num relacionamento estável, Ian logo voltou para a Inglaterra e fundou com Diana uma empresa de produção para a televisão. Quando as coisas começaram a caminhar, Ian literalmente da noite para o dia, partiu para os Estados Unidos. Alguns dias depois telefonou para Diana informando-a de que tinha decidido reatar seu relacionamento com Célia. Ligeiramente perturbada pela conduta dele, Diana continuou com o trabalho por conta própria. Por fim, fechou a empresa para ter um filho. Nove meses depois de dar à luz, Diana foi trocada, pelo marido, pela secretária dele. Ficou abaladíssima e inconsolável.

Pouco depois Ian retornava à sua porta. O relacionamento que mantinha nos Estados Unidos entrara em colapso e encontrar trabalho por lá era muito mais difícil do que ele havia imaginado. Caíram nos braços um do outro e, mais pela necessidade de se consolarem do que por qualquer outro motivo, acabaram juntos na cama. Foi então que Ian lhe confessou seu gosto pelos objetos de couro e coisas desse tipo. Diana pouco lhe deu atenção, feliz que estava por tê-lo de volta em sua vida. Finalmente, estavam juntos. Incapaz de lidar com essa súbita mudança, porém, Ian, em questão de poucos dias, retornava à América. Para pasmo de Diana, casou-se com Célia. Durante cinco anos Ian e Diana não se viram.

Um dia, tendo chegado ao fim o seu casamento, Ian voltou

para a Inglaterra. Não tinha para onde ir, estava sem emprego e sem um níquel no bolso. Diana o hospedou em sua casa. Quaisquer sentimentos a respeito dele, fossem de cunho emocional, fossem de natureza sexual, de há muito tinham desaparecido, mas eles passaram a desfrutar de uma amizade tão profunda como jamais haviam conhecido antes. Foi então que ele confessou que era travesti. Conhecendo Ian como conhecia e sendo capaz de aceitá-lo como era, Diana podia perfeitamente ajudá-lo na exploração dessa faceta da sua personalidade — o que aprofundou ainda mais o relacionamento entre eles. Durante esse intervalo, Diana teve uma breve porém forte relação com Jake, alguém de quem Ian não gostava.

Tão logo terminou esse caso, as coisas se tornaram muito mais íntimas entre eles. Ian preparava para ela deliciosas refeições e as servia com Diana lascivamente estendida no sofá. Eles também entretinham longas conversas acerca de suas experiências sexuais, durante as quais ele contou seus problemas sexuais e disse que uma mulher o havia ajudado a libertar-se do temor de estar na cama com uma mulher, mas com vontade de vestir-se como ela. À medida que essas conversas se foram tornando mais íntimas, os sentimentos sexuais recíprocos se reacenderam, acabando por eclodir certa noite, depois de muitas garrafas de vinho.

No dia seguinte, Ian se viu presa de sua antiga sensação de pânico, mas em lugar de fugir, ele decidiu discutir o assunto com Diana até que eles voltassem a sentir-se à vontade um com o outro. Isso durou quatro meses. No interregno, ele comprou uma pequena casa de campo onde Diana ia visitá-lo. Foi ali que ele se mostrou a ela vestido a caráter. Para Diana, não fez a menor diferença. Ela na verdade o amava por quem ele era, não pelo que parecia ser. Era preciso que reconhecessem que algo muito forte os unia. Tornaram a dormir juntos mais duas vezes. Ian reagiu prontamente, dizendo que se sentia sufocado e pressionado. Diana ficou furiosa. Depois de tudo aquilo por que haviam passado, ela achava que merecia um tratamento melhor. Botou-o para fora de casa num acesso de raiva e jurou que nunca mais queria vê-lo.

Poucas semanas depois Ian lhe telefonou para desculpar-se, mas acabou por dizer que não podia sair com ela. Não era aquele o papel que lhe estava reservado na vida dele. Diana ficou mortalmente magoada. Segundo sua descrição, "era como se tivesse sido estuprada; foi horrível ser abandonada daquela maneira".

Contudo, o vínculo permanecia, e quando Diana começou a ter um sério distúrbio de personalidade no trabalho, mais tarde, Ian foi uma das pessoas a quem ela recorreu para discutir o problema. A essa altura fazia cinco meses que não se viam e eles concordaram em reencontrar-se; e como Diana achava que as coisas entre eles jamais voltariam a ser o que tinham sido, ela o convidou para jantar em sua casa. Conversaram até altas horas, Ian cheio de remorsos. O final dessa noitada os surpreendeu apaixonadamente abraçados. Todavia, Diana se negou a dormir com ele. Três semanas depois, eles voltaram a se ver num restaurante. Diana fez de tudo para parecer desmazelada e feia, mas a noite acabou com um ardente beijo entre eles, ali mesmo, à mesa. Uma vez mais Diana não quis ir para a cama com ele, embora ambos reconhecessem que a atração recíproca entre eles era irresistível. Diz Diana:

> É inteiramente inexplicável. Depois de tudo o que ele me fez e sabendo dele o que eu sei, ainda assim eu o amo e o acho verdadeiramente atraente. É como se fôssemos um não-terminado caso de amor de uma outra época. Quando nos tocamos fisicamente, nos enlaçamos e desaparecemos numa outra zona do tempo. Depois, temos de despertar para a realidade daquilo que de fato somos nesta zona do tempo, com todos os nossos dilemas e diferenças de personalidade.
>
> Creio que, antes de virmos para cá, fizemos um pacto de nos amar, acontecesse o que acontecesse, embora eu saiba que ele jamais poderá ser nesta vida o parceiro que eu quero. Fui sua empregadora, produtora, mãe, terapeuta não-remunerada, locadora de imóvel, amante e ex-amante, e ainda o quero aqui. É inútil tentar explicar. Não há palavras para fazê-lo. Ian é, sem dúvida, a minha alma gêmea. De uma forma ou de outra, estaremos sempre à disposição um do outro.

Diana concorda em que Ian nada lhe poderá oferecer no futuro, pois, em suas próprias palavras, ele "não tem jeito". Ian se afastou com medo de ver-se mais uma vez envolvido num relacionamento sexual, mas Diana está sempre disposta a permanecer ao lado dele como a melhor amiga que ele jamais teve.

O AMANTE DE SONHO

O casamento de sete anos de Joanna terminou em divórcio quando ela tinha trinta. Embora o casal se desse suficientemente bem, faltou aquela "centelha", como ela dizia. Ela sabia que se tinham distanciado o bastante para que não pudessem mais reconciliar-se, e, em lugar de dar murro em ponta de faca, ela forçou a separação, esperançosa de encontrar afinal o seu "príncipe encantado".

Nos anos que se seguiram, Joanna teve namoros com alguns homens bem credenciados, mas nenhum deles lhe pareceu corresponder ao seu ideal de alma gêmea. Ela progressivamente se desiludiu da busca do par ideal e, por fim, teve de reconhecer que talvez aquele sonhado "príncipe encantado" não existisse, e que ela talvez estivesse condenada a continuar sozinha pelo resto da vida — uma perspectiva terrível que a atirou no mais negro desespero. A sensação se agravou quando ela se aproximava dos quarenta anos de idade. Nessa ocasião, ela fazia sozinha um giro pela América Central. Fato marcante na vida de qualquer um, ela passou o aniversário num decadente hotel de terceira categoria, entorpecida pelo sofrimento. De volta à Inglaterra, decidiu mudar-se para o litoral sul... e recomeçar.

O primeiro ano foi uma estimulante mistura de atividades que se resumiram em retomar o pé, estabelecer-se comercialmente e travar conhecimento com pessoas capazes de aliviar-lhe a solidão. Contudo, com o correr dos meses, Joanna começou a dar-se conta de que a grande maioria das pessoas que estava conhecendo era composta de mulheres solteiras, casais solidamente estabelecidos e *gays*. Não obstante, por meio dos recém-adquiridos amigos, começou a desenvolver um sentimento de confiança e segurança com o qual ela conseguiu lidar satisfatoriamente com a situação. Lentamente, os efeitos deletérios da solidão da meia-idade começaram a transformar-se nos mais amenos sentimentos de estar só consigo e, pela primeira vez na vida, Joanna começou a gostar da sua própria companhia.

Foi durante esse período de transição que ela começou a sonhar com um misterioso "amante de sonho". Os sonhos se repetiam noite após noite e se tornaram progressivamente mais marcantes à medida que as semanas passavam, até que, uma certa manhã, ela despertou com uma irresistível vontade de redecorar inteiramente o quarto de dormir. Ficou como que possessa. Antes, seu gosto pendia para as cores discretas mas, de repente, ela se sentiu atraída por tecidos de musselina de um branco de sonho, recamados de brilhantes estrelas amarelas. Com eles, ela própria fez a cortina das janelas. Foi uma novidade, já que a habilidade manual nunca fora o seu forte. A seguir, ficou obcecada pela idéia de comprar uma colcha nova e fronhas cobertas de rosas vermelhas e brilhantes. Viciou-se também nos perfumes de rosa e jasmim, a ponto de espargi-los sobre a cama e banhar-se com os seus óleos. Gastou também uma pequena fortuna comprando novas roupas de baixo. Algo se passava!

Joanna se encheu de sensações deliciosas e inexplicáveis, por vezes de pura expectativa; outras vezes, quedava-se a fitar o espaço, perdida em românticos devaneios. Convenceu-se de que alguém muito especial vinha vindo para a sua vida. Mas como e quando? Passou-se um mês em que a sensação de Joanna só fez crescer dia a dia, embora sem nenhuma manifestação exterior. Afinal, um antigo colega de trabalho telefonou para convidá-la para uma festa de aniversário. Na noite da festa, ela se trocava para sair quando uma voz interior lhe disse que iria encontrar a pessoa por quem esperava. Sua primeira reação foi dizer a si própria que deixasse de ser tola. Contudo, ela sabia que isso era verdade.

Embora já estivesse escuro quando ela chegou, naquela cálida noite de agosto, os convidados tinham-se reunido no jardim. Joanna foi cumprimentar o anfitrião. Este a levou diretamente até um amigo que estava de pé, sozinho, sob um enorme bordo. Eles se entreolharam e a mágica aconteceu.

Ocorre que Peter também estava sozinho há muitos anos, a ocultar sua solidão debaixo de uma montanha de tarefas no trabalho. Alguns meses antes ele também começara a ter a sensação de que alguém estava por entrar em sua vida, tanto que chegara a comentar com amigos que pensava em se casar!

Peter e Joanna começaram um saudável relacionamento em que reaprenderam a amar e a confiar. Contudo, com o correr do tempo, perceberam, contrafeitos, que não se destinavam a ser parceiros por toda a vida. De alguma forma, sabiam que se tinham aproximado para que um ajudasse o outro a superar a solidão e o desconsolo, e, depois que isso acontecesse, teriam de seguir cada qual o seu caminho. Separaram-se como grandes amigos. Um ano depois Joanna conheceu a pessoa com quem vive atualmente. No entanto, ela e Peter mantêm um contato permanente e partilham uma compreensão tão calorosa e profunda como nenhum deles jamais encontrou nos outros. Eles acham que são verdadeiras almas gêmeas, porque se aceitam mutuamente e se conhecem num nível de grande intimidade e têm como indiscutível que um veio ao mundo para o outro, aconteça o que acontecer.

A necessidade de ter um amor perfeito era claramente um tema que Joanna carregava consigo. A busca do "príncipe encantado" freqüentemente impede que outros relacionamentos cresçam. Ao atrair seu amante de sonho, Joanna manifestara exatamente aquilo que julgava ser uma necessidade sua. Porém, como ela acabou por constatar, Peter foi para ela um instrumento de cura, mesmo não sendo o "príncipe encantado".

OS ETERNOS TRIÂNGULOS

Sei que ambos concordamos em que, se precisarmos
analisar uma dívida kármica com alguém,
poderíamos ir para a cama juntos;
se tivermos os mesmos sonhos,
então poderemos dormir juntos.

— *Julie Felix*[30]

Talvez uma das mais dolorosas experiências com almas gêmeas seja a do eterno triângulo. Há numerosos mitos e histórias acerca dessa experiência. Cleópatra, Marco Antônio e Octávia, esposa dele, o representaram nas cortes do Egito e de Roma; Arthur, Guinevere e Lancelot repetiram o drama na corte de Camelot; Charles, Diana e Camilla, na moderna corte de St. James. Muitos são os que desempenham idênticos papéis na vida cotidiana.

A situação pode vir de vidas passadas e, como vamos ver, os participantes podem perfeitamente mudar de sexo à medida que o triângulo se forma e se desmancha, mas a história básica permanece a mesma. Na primeira das histórias de triângulos que se seguem, os envolvidos voltaram para a vida presente como mulheres e se enredaram num relacionamento de lesbianismo:

> Suzanne e eu éramos amantes há cerca de dois anos. Depois de três relacionamentos fracassados, veio a desilusão e eu me sentia emocionalmente cansada. Por conseguinte, foi com agrado que enfrentei o temperamento dominador de Suzanne. Parecia natural estar debaixo da sua liderança saturnina. Ela tinha idéias bem definidas a propósito de tudo. Se eu me punha a ler durante

a refeição, ela se zangava; dizia que era falta de educação. Marcava a hora comigo quando havia alguma coisa que discutir. Ela se encarregou, com bons resultados, da minha periclitante carreira e, quando decidimos participar de uma marcha pela paz, ela supervisionou a compra da mochila, do saco de dormir e de toda a parafernália necessária.

Durante muitos anos, todo mês de maio, fui sempre passar duas semanas na ilha de Lesbos, onde participava de um curso intensivo de ioga. Qualquer que fosse o relacionamento em que estivesse metida, eu decidira que aquele era um tempo que poderia partilhar com os demais participantes da turma de ioga, sem enredar-me em relacionamentos pessoais. Quando Suzanne sugeriu juntar-se a mim depois de dez dias, a princípio hesitei, mas acabei concordando. Foi durante os dez dias que antecederam a chegada de Suzanne que conheci Lisbet.

Lisbet e eu sentimos que havia entre nós um forte vínculo, mas eu sabia que estava brincando com fogo, já que Suzanne deveria chegar em breve. Lisbet é muito sensível e logo percebeu que ela e eu éramos almas gêmeas. Quando Suzanne chegou, tentei agir como se tudo estivesse normal, mas é claro que eu não estava normal. Passava o tempo com ela, mas meu espírito parecia estar com Lisbet. Por fim, tive de me render e admitir minha atração por Lisbet, explicando que se tratava de uma simples atração e que eu queria prosseguir no meu relacionamento com ela, Suzanne. Decerto eu não estava preparada para o que viria. Inteiramente transformada, Suzanne pôs-se a me castigar no melhor estilo das bruxas dos contos de fadas.

Lisbet era de natural muito mais mercurina do que saturnina. Sua personalidade radiante contrastava obviamente com a de Suzanne. Certa noite tive um sonho que fez jorrar uma luz interessante sobre a situação. Creio que foi um sonho em que foi revelada uma vida passada. Nessa vida, eu tinha sido mulher e Lisbet e Suzanne ambas tinham sido homens. Não sei quando isso tinha acontecido, mas era um cenário típico da Polinésia, com palmeiras e banhos de mar ao luar.

Eu era a jovem filha de uma família que se poderia ter por respeitável. Suzanne era um rapaz cujos pais eram amigos dos meus pais. Combinou-se um casamento e eu me casei com Suzanne (na versão masculina). Ele era um moço ambicioso e cheio de opiniões quanto ao que era certo e o que era errado, Lisbet era um jovem que havia crescido comigo. Em criança, nadávamos juntos, subíamos em árvores e tínhamos nossos esconderijos onde brincávamos e dávamos asas à fantasia. Ele era filho de um pescador e não era visto como um potencial candidato a meu marido. Depois do casamento com Suzanne, senti-me solitária e deprimida. Reencontrei, então, em segredo meu amigo de infância (Lisbet). Nadamos juntos ao luar e nos tornamos amantes. Depois de algum tempo, meu marido (Suzanne) descobriu minha infidelidade. Ele me surrou, xingou-me de tudo e eu fui proibida de voltar a me encontrar com Lisbet.

Na vida presente, depois de tentar a reconciliação com Suzanne durante alguns meses, finalmente decidimos nos separar. Pouco depois, Lisbet e eu nos tornamos amantes. Embora já não estejamos juntas, ainda considero Lisbet como a minha alma gêmea, minha "irmã/irmão" para todo o sempre. Veremos!

Foram tantas as pessoas que me procuraram com histórias desse tipo que comecei a pensar que alguma coisa muito real vem sendo encenada ao longo dos tempos. Numa meditação, perguntei-me onde tudo começou:

Havia triângulos no ar. Uma voz me disse que o evento que eu iria ver fora o ponto de partida de muitos "eternos triângulos". A trama parecia desenrolar-se num planeta distante da Terra. Era um local árido, com cores estranhas, inusitadas: cinzentos-azulados, pálidos arenitos e ocres-amarelados — tudo lembrando um crepúsculo no deserto egípcio. Ali os seres eram humanóides, mas menos sólidos. Flutuavam no ar ou caminhavam com passos leves sobre a terra. A reprodução se fazia por fissão binária. O ser simplesmente se dividia em dois (como as almas gêmeas de Platão). Em determinadas ocasiões festivas, dois seres podiam juntar-se para formar um corpo para que nele se encarnasse uma alma muito especial. Seria um "ser sagrado". Em outras palavras, a união sexual era um ato sagrado reservado para finalidades especiais. A procriação era parte da vida cotidiana, mas essa vida cotidiana nem de longe se parecia com a deste mundo.

Aconteceu uma espécie de catástrofe. É difícil dizer o que foi. Muitos morreram. Parecia a devastação provocada por explosões atômicas; tudo eram escombros. Dali em diante, em vez de dividir-se em dois, muitos seres se partiam em três. Criava-se assim um "par" e um "estranho" que não cessava de buscar um lugar onde encaixar-se. Os pares se uniam naturalmente e deixavam de fora o "estranho". Por sua vez, os estranhos tentavam seus próprios relacionamentos, mas sempre tratavam de encontrar uma forma de voltar aos seus triângulos originais, pois somente junto deles se sentiam em casa. Assim surgiu o "eterno triângulo". A voz me disse que muitas almas vivem essa situação na Terra, com as três almas assumindo diferentes papéis e sexos, num esforço coletivo para resolver o problema da partilha.

Suponho que essa visão seja muito mais alegórica do que real, mas desde então muitas pessoas têm-me dito que tiveram a mesma visão e que acreditam que tudo aconteceu num planeta bem distante da Terra. No que me toca, falta ainda a palavra final a respeito, mas entendo que aí pode estar a razão pela qual tantos acabam enredados no assim chamado "eterno triângulo". Parece-me que nem sempre são os três componentes do ser original que se sentem atraídos. Um dos três atores da saga do triângulo pode bem ser um "estranho" à procura de um lugar onde encaixar-se — hipótese em que o "triângulo" se formará apenas para uma vida, ainda que os efeitos possam estender-se a outras existências. Com isso, talvez o desfecho seja alterado, dependendo de que a parceria existente seja de almas ou não. Um quadro habitual em matéria de triângulos é que duas pessoas se casam e depois surge a alma gêmea de uma delas — ou então entra em cena o terceiro componente do ser original.

Na ocasião em que tive a visão dos triângulos, eu estava trabalhando para David Icke, o "Guru da Nova Era". Eu estava fazendo um esforço para explicar para mim mesma o relacionamento entre ele, sua esposa Linda e Mari Shawson — uma médium com quem ele se envolvera sexualmente a pretexto de colaborar para a "cura da Terra".[31] Tanto ele como Mari tinham ouvido, de fontes "canalizadas", que teriam de usar a energia sexual de ambos em suas viagens aos mais importantes locais de cura do globo. David afirma que a princípio resistiu à idéia, pelo amor que tinha à esposa, mas seus "guias espirituais" lhe disseram que a coisa já havia acontecido no plano etérico e tinha de acontecer também no plano físico. Por isso ele concordou.

Naturalmente, todo o episódio causou grande tristeza a Linda, que hospedava Mari em sua casa ao tempo em que o eterno triângulo marcou presença e a obra *Love Changes Everything* estava sendo escrita. David disse que o vínculo entre ele e Linda ficou fortalecido com a experiência, mas que Mari tinha feito o possível e o impossível para introduzir uma cunha entre eles. Mari, por sua vez, disse que David lhe havia prometido abandonar Linda; que ele havia afirmado que eles eram almas gêmeas, destinadas a viver juntas. Mari tinha dado à luz um filho dele; agora, era Linda quem estava grávida. Tudo o mais se parecia com uma tremenda confusão kármica. As acusações voavam por toda parte e a imprensa ficou muito feliz quando descobriu tudo. Os mapas dos três envolvidos mostravam estreitas ligações. Era impossível separá-los astrologicamente. Havia neles tantas conexões que era mais fácil apanhar aleatoriamente, dentre os três, dois quaisquer para chegar à alma gêmea.

Não se tratava, em absoluto, de um fenômeno isolado. Pelo contrário, eram apenas mais três pessoas dentre as muitas que na mesma época (1991/2) me procuraram, pois estavam na mesma situação. Em cada caso parecia que um antigo contato estava sendo renovado; às vezes, tudo parecia obra do destino. O relacionamento era desfeito por um terceiro elemento. Com freqüência esse terceiro elemento atuava cataliticamente, rompendo primeiro o relacionamento e seguindo depois em frente, deixando para trás dores e crises, como também uma possibilidade de mudança e crescimento. Por vezes um dos parceiros se ia com o novo parceiro, para angústia do que era abandonado. Cada trio solucionou o problema à sua maneira, mas para muitos foi uma iniciação a um novo modo de vida. A visão que tive pouco serviu para me esclarecer sobre os casos individuais, mas, de qualquer forma, dela advieram mais informações acerca dos triângulos.

A astróloga Pat Gillingham estava recebendo ensinamentos mediúnicos ligados a alguma coisa que a entidade que lhe falava denominou "tríades anímicas". A entidade lhe disse que havia muitos trios (a tríade anímica) que tinham sido criados há muito tempo. Esses trios tinham sido formados ao longo do tempo e muitos dentre eles tinham vindo encarnados para este mundo porque tinham uma tarefa específica a cumprir. O caso David-Linda-Mari, aparentemente, era uma dessas tríades. Segundo o próprio David escreveu a respeito dos triângulos:

> *Um vértice do triângulo atrai as energias positivas; outro, as negativas; e o terceiro as harmoniza. Harmonização semelhante também ocorre com as energias espirituais e físicas.*[32]

Nos relacionamentos físicos sucede às vezes que o terceiro componente faz com que os outros dois se harmonizem melhor. Mas nem sempre. Às vezes o ajuste quer dizer que ocorre a fragmentação. David e Linda continuaram juntos depois do incidente com Mari. Mari entrou no relacionamento durante algum tempo, fez a sua parte e se retirou. Em muitos outros casos, a parceria original se desfez inteiramente ou o "elemento extra" foi de alguma forma admitido no relacionamento. Em alguns casos, por exemplo, as partes viveram como dois casais distribuídos em duas casas; em outros, viveram juntas. Para algumas pessoas, esses tercetos sempre existiram. Recorda-me haver lido a história de uma mulher que vivia com dois gêmeos idênticos. Jamais conseguiu optar por um deles e amava-os por igual. Em contrapartida, eles a amavam também e não sentiam ciúme um do outro. Viviam juntos na maior harmonia, até dormindo no mesmo quarto.

A entidade que falou com Pat Gillingham lhe disse que as tríades eram simbolizadas pelos planetas Netuno (amor), Urano (vontade) e Plutão (poder). Todos temos dentro de nós esses "deuses" planetários, e eles representam seus papéis arquetípicos, às vezes com o nosso consentimento consciente, às vezes sem ele. De acordo com a fonte de Pat, as almas, cada qual sintonizada num determinado planeta, empenhavam-se num combate arquetípico entre amor, vontade e poder, que tinha de ser resolvido. Idéia semelhante se encontra na astrologia esotérica, segundo a qual uma alma está alinhada com determinado raio governado por um planeta. Certos raios se relacionam e precisam entrar em harmonia.

O quadro simbólico que me foi mostrado evidencia que tanto as almas gêmeas como os eternos triângulos são relevantes para os relacionamentos no tempo presente, com muitas pessoas desempenhando ora um ora outro papel. Disseram-me que as almas gêmeas remontam aos seres andróginos das antigas Atlântida e Lemúria, que se dividiram por ocasião de catástrofes que lá houve. Simbólica ou não, essa descrição pouco importa. É a roupagem metafórica para uma verdade psíquica. Todos nós nos ocupamos em procurar "lá fora" algo que, ao fim e ao cabo, tem de ser reconhecido como uma parte do nosso ser que foi dividida ou projetada no espaço sideral, tornando-se com isso inatingível. Só poderemos encontrar nossa alma gêmea, ou os três componentes do triângulo, na integração de nossas próprias energias interiores.

UMA HISTÓRIA ANTIGA

Não obstante, esse combate arquetípico entre as diferentes facetas do eterno triângulo se deu a conhecer desde os primórdios da história. Num conto extremamente kármico do Antigo Testamento cujas repercussões vêm até o dia de hoje, Abraão teve uma visão:

> *A palavra do Senhor veio a Abraão na forma de uma visão. Ele disse: Não temas, Abraão, dar-te-ei uma grande recompensa.*
>
> — *Gen. 15:1-4*

Mas Abraão não se julgava merecedor de recompensas. Não tinha filhos e, pois, de acordo com a lei então vigente, não gozava de prestígio na comunidade (apesar de liderar uma comunidade numerosa e próspera). Foi-lhe dito que sua descendência igualaria em número as estrelas do céu, algo muito difícil de acreditar. A mulher de Abraão, Sara, era estéril e sugeriu que sua escrava egípcia, Agar, assumisse o papel de mãe substituta e segunda esposa de Abraão. Como Agar desprezou Sara depois que concebeu, a história se complicou enormemente. Sara disse a Abraão:

> *Fui vilipendiada e tens de responder por isso. Fui eu quem te pôs nos braços a escrava; mas desde que ela soube que estava grávida, começou a me desprezar. Preza ao Senhor que se faça justiça entre ti e mim.*
>
> — *Gen. 16:5*

Abraão lhe disse que a escrava estava nas mãos dela, "Faze com ela o que quiseres". Então Sara começou a maltratar Agar, que fugiu. Um anjo a encontrou e lhe disse que voltasse a Sara, mas lhe prometeu que seus descendentes seriam em tal número que não seria possível contá-los. Quanto ao filho, disse que deveria chamar-se Ismael e que ergueria sua mão contra todos os homens, assim como todos os homens ergueriam as mãos contra ele; que viveria em guerra com os do seu sangue. Parecia que Agar não tinha como fugir ao seu destino, como tampouco o poderia fazer o seu filho (o karma se transmite de geração em geração). Ela teria de enfrentar o karma que lhe veio por deitar-se com o marido de outra mulher, ainda que por sugestão dessa mesma mulher. Seu filho Ismael, embora um pária perante a sociedade judaica, tornou-se o patriarca do qual os muçulmanos se dizem descendentes.

Em dado momento, Sara, a despeito de sua idade avançada, também teve um filho, Isaac, pai de muitos filhos e patriarca da raça judaica.

Contudo, não foi esse o começo deste conto kármico. Alguns anos antes, numa época de fome, Abraão e Sara viajaram para o Egito. Acreditando que, se os egípcios soubessem que Sara era a sua mulher eles o matariam para ficar com ela, Abraão disse que ela era sua irmã. O Faraó, aparentemente, a tomou como esposa — mais provavelmente como concubina. Em paga, o Senhor infligiu ao Faraó e aos de sua casa "graves doenças" (Gen. 12:17). Um tanto magoado, o Faraó perguntou a Abraão por que ele havia mentido e os mandou embora (não é surpresa, do ponto de vista kármico, que, posteriormente, os judeus tenham sido, por assim dizer, escravizados no Egito). A dar crédito ao Gênesis, não foi essa a única vez que Abraão mentiu dizendo que Sara era sua irmã e deixou que outro homem a tivesse para salvar a própria pele, mas talvez se trate da mesma história (Gen. 20:2-18), alternada em alguns detalhes pela tradição oral.

Tampouco o nascimento dos dois filhos de Abraão corresponde ao fim da história. Podemos rastrear as raízes dos conflitos entre os judeus (descendentes do filho de Sara) e os muçulmanos (descendentes do filho de Agar) até aquele eterno triângulo. A história se repete através do tempo, ao passo que o karma arquetípico e coletivo segue fazendo-se cumprir. O que acontece no coletivo (a muitos) acontece também no individual (a um só). Os eternos triângulos se reiteram no tempo.

Um discípulo e seu guru estavam sentados um dia sob a figueira. Perguntou o mestre ao discípulo: "Que coisa te perturba, meu filho?"

"Ainda bem que perguntas, ó mestre. Sinto que é chegado o tempo de eu partir à procura da minha querida alma gêmea, aquela que haverá de ser minha parceira perfeita, a mais linda mulher do universo!"

"Assim seja, meu filho, mas lembra-te: quando tua busca terminar, volta aqui com ela."

"Sem dúvida, mestre, decerto será assim."

Muitos anos depois o discípulo regressou ao ashram, sozinho e algo desanimado. Quando se encontraram, o mestre o acolheu calorosamente e perguntou-lhe sobre a sua busca: "Encontraste aquela que procuravas?"

"Sim, querido mestre, encontrei. Encontrei aquela com quem sonhava. Era na verdade de uma perfeição de sonho; era a mulher perfeita."

"Bem, filho, onde está ela?"

"Ah, meu mestre, que tristeza. Ela estava à procura do homem perfeito!!!"

— Perdi toda a minha juventude nessa busca.
Uma história sufi narrada por Ron Cuthbertson.

Uma versão diferente do eterno triângulo ocorre quando alguém ama alguém que ama outra pessoa. O poeta William Butler Yeats sofreu de um amor não correspondido durante bem mais do que vinte anos. De uma forma extremamente complexa, um triângulo intrometeu-se na sua vida e lhe "roubou a juventude". Contudo isso não foi inteiramente ruim. Ela foi a sua musa inspiradora, o combustível das suas maiores obras e o alicerce da sua vida. A sinastria entre ele e seu grande amor era muito forte e traduzia à perfeição esse "não posso viver com ela, não posso viver sem ela", que foi o dilema e a amálgama mística com que suas almas um dia depararam.

O objeto da sua afeição, Maud Gonne, recusou-se peremptoriamente a casar com ele, mas nunca deixou de ser uma amiga íntima e companheira de magia.[33] Ele tinha certeza de que ela era a sua alma gêmea. Ambos rememoravam juntos vidas passadas. Maud sonhou que tinham sido um irmão e uma irmã que haviam sido vendidos como escravos. Haviam sido um para o outro o único arrimo. Durante toda a sua vida, Maud sempre recorreu a Yeats nos momentos de crise.

Quando conheceu Maud, Yeats pensou que ela era uma deusa. Em suas memórias, afirma que jamais tinha visto mulher tão bela. Ela provocava nele um "tumulto esmagador". Diversas vezes ele lhe propôs casamento, mas sempre recebeu um não. Depois de quase dez anos tiveram um casamento de almas. Cada um deles teve um sonho na mesma noite. Yeats sonhou que ela o beijava pela primeira vez. Maud sonhou com um "grande espírito" que a levou para o meio de um bando de espíritos, entre os quais o de Yeats. Ele colocou as mãos de Yeats nas dela e os declarou casados. Quando Maud contou a Yeats esse conto, disse-lhe que na realidade ela jamais poderia ser sua esposa, pois havia mais alguém. Contudo, há quem tenha vislumbrado aí um momento em que, caso tivesse insistido, Yeats poderia ter sido bem-sucedido (então Maud estava separada de sua alma gêmea francesa). Mas, por alguma razão, ele preferiu que ela permanecesse inatingível (o que não espanta, dada a sinastria astrológica entre eles, de forte sabor Urano/Netuno).

Alguns dias depois eles fizeram juntos uma silenciosa meditação. Maud se viu como "uma enorme estátua de pedra através da qual passavam chamas". Yeats transformou-se em "chamas que subiam pelo corpo e saíam pelos olhos de uma grande Minerva de pedra". Essa foi para ambos a confirmação de que estavam espiritual e mentalmente casados. Mas, uma vez mais, Maud recusou-se a casar com ele em "carne e osso", alegando que detestava o contato físico.

Em 1908, quase dez anos depois da sua primeira união espiritual, estavam explorando a mágica do sexo no plano astral (uma espécie de sexo tântrico extracorpóreo) quando lhes sobreveio uma experiência, uma renovação das suas juras. Isso foi logo depois que Maud se separou do marido, com quem se casara, segundo Yeats, ignorando o juramento sagrado que tinha com ele. Foi uma experiência que transcendeu de muito o plano físico e, na ocasião, não parecia existir entre eles uma grande proximidade. Esse segundo casamento místico durou vários dias. Yeats evocou conscientemente dois globos vermelhos e verdes, um símbolo de sexualidade, que se entremisturavam. Ele sentiu uma "profunda união" com Maud. Nessa mesma noite ela lhe escreveu sobre uma experiência que acabara de ter: assumira uma como que forma de mariposa e seu corpo viajara até reinos astrais, onde ela se fixara em Yeats. Este lhe aparecera como uma enorme serpente e eles foram vagar no espaço. Ela o fitou nos olhos e eles se beijaram. Fundiram-se um no outro até formarem um só ser, numa união completa e total. Ao ler isso, Yeats imediatamente imaginou-se uma enorme serpente que se tornou uma coisa só com Maud. Ao mesmo tempo, Maud sentiu quando ele foi se juntar a ela, com o que, uma vez mais, eles se transformaram num único extático ser. Em seguida a essa experiência, Yeats escreveu a Maud: "Creio que hoje poderia deixá-la se casar com outro... pois sei que a união espiritual entre nós sobreviverá à existência presente, ainda que nunca mais nos vejamos neste mundo."

Quando Richard Ellman, um dos biógrafos de Yeats, entrevistou a mulher dele (Yeats tinha-se casado pouco antes do fim do seu longo envolvimento com Maud) depois da morte do poeta, ela afirmou com convicção que seu marido e Maud Gonne tinham sido amantes no ano de 1908.[34] Perdura, no entanto, a dúvida: teria sido um caso de amor físico ou espiritual? O trabalho mágico eles o haviam feito separadamente, mas Richard Ellman tinha tido notícia de que eles haviam estado juntos na França aquele ano e que Maud havia dito que não podia continuar. Com o que não podia continuar é algo que não ficou explicado, mas tanto poderia ser o trabalho astral como o relacionamento físico. Com Urano e Netuno em grande evidência nos aspectos de seus mapas astrológicos, a magia sexual afigurava-se uma boa válvula de escape para as magnéticas energias que havia entre eles. Urano não precisava se preocupar com compromissos, nem Netuno com isso de fugir a ser por inteiro absorvido noutra pessoa... ao menos por algum tempo. As experiências que eles tiveram durante o trabalho mágico foram muito mais fortes do que qualquer coisa que lhes pudesse ter acontecido na realidade da existência física.

Maud, uma sacerdotisa da Ordem Hermética do Dourado Amanhecer, era uma figura impressionante. Um metro e noventa de altura, cabelos cor de cobre, era filha de um oficial do exército inglês, mas acabou aderindo à causa dos irlandeses que combatiam o Império Britânico em defesa da independência de seu país. Como aristocrata ativista, ela pregava suas idéias com grande paixão e, numa época em que as mulheres não saíam de casa, a década de 1890, incitava à violência. No entanto, foi também uma pioneira do novo movimento pela anistia e professava profundo interesse pelas coisas do espírito.

Maud esteve durante treze anos envolvida num relacionamento adúltero com um político francês casado, Lucien Millevoye, com quem teve um filho ilegítimo, Georges. Millevoye era, aos olhos de Maud, sua alma gêmea. Mal se conheceram e Maud teve a certeza de que já se haviam encontrado antes. Eles fizeram um pacto; ele a ajudaria a libertar a Irlanda e ela o ajudaria a ganhar a Alsácia-Lorena. Alguns observadores opinam que Maud, que na sua autobiografia relata que prometera sua alma ao diabo em troca da liberdade de fazer o que quisesse com sua própria vida, talvez tenha incluído nesse pacto receber dele (do diabo) Lucien Millevoye. Maud, sem dúvida, sentia que sua alma estava perdida e que muito da sua tragédia pessoal tinha a ver com esse pacto — seu pai morreu dez dias depois da negociação com o demo.

O filho de Maud e Lucien morreu novo. Obcecada pela idéia de manter contato com o filho, Maud foi a uma sessão espírita com Yeats. A vidente, Moina Mathers, descreveu uma dama tristonha de olhos escuros, usando véu, que era ligada a Maud. Maud, em criança, tinha visto essa dama com freqüência. Yeats e Maud, poucos dias antes da sessão, tinham realizado um ritual de magia em que a dama aparecera. Ela disse que era o *ká* de uma vida anterior de Maud. *Ká* é um aspecto da personalidade que sobrevive à morte e pode permanecer ligado à Terra. É uma espécie de duplo etérico que mantém a alma, ou essência espiritual, encarnada e também abriga a personalidade. Tem vida independente no mundo astral depois que o corpo físico morre. Na teologia egípcia, eram os desejos insatisfeitos ou impulsos não-vividos do *Ká* que empurravam a alma para novas encarnações. Mas o *Ká* também podia continuar sua própria sobrevida quando outras partes da alma se reencarnavam.

O *Ká* de Maud contou a sua história. Aparentemente, Maud tinha sido uma sacerdotisa egípcia que, sob a influência de um religioso seu amante, ganhava dinheiro fazendo falsas previsões, o que contrariava todas as regras vigentes. Em conseqüência, o *Ká* fora condenado a ser uma "sombra semiviva". Naquela vida, Yeats tinha se tornado amigo da sacerdotisa, ajudando-a na sua fuga. Por fim, ela morreu no deserto, mas seu *Ká* continuou apartado da sua alma. Agora o *Ká* queria reunir-se a Maud.

Moina Mathers achava que aquela dama exercia uma influência negativa sobre Maud levando-a à beira da loucura e a culpar-se por ter sido uma mãe má que negligenciara o filho, deixando-o na França (ela tinha de manter em segredo a existência do bastardo). A própria Maud disse que, ainda menina, apareceu-lhe a dama ao pé da cama e lhe confessou ter matado uma criança, razão pela qual sentia muito remorso. Moina Mathers confirmou isso em suas visões. Maud entrou para a Ordem Hermética do Dourado Amanhecer no dia seguinte para aprender a comandar e controlar esse tipo de entidade. (Talvez tivesse sido melhor proceder a uma recuperação da alma e trazer de volta para o seu eu aquela faceta desgarrada e sombria; mas essa possibilidade parece não ter ocorrido nem a Maud nem a nenhum de seus conselheiros. Assim é que o *Ká* dificultou toda a vida de Maud.)

Maud estava decidida a reencarnar a alma do filho. Os membros do Dourado Amanhecer acreditavam piamente na reencarnação e tinham rituais próprios para o renascimento e "chamamento das almas".[35] Maud chegou a convidar seu ingênuo amante, Millevoye, a visitar com ela o túmulo da criança, na véspera do dia de Todos os Santos. É nessa ocasião que as fronteiras entre os mundos se estreitam. As almas podem passar de um mundo a outro. Eles fizeram amor na capela do cemitério e ela engravidou novamente (convencida, sem dúvida, de que carregava no ventre a mesma alma). Era uma menina. Algum tempo depois, o relacionamento se desfez. Um dia Maud voltou a se casar. Quando esse novo casamento terminou, Yeats e Maud levaram a efeito seu segundo casamento místico.

Yeats continuou sendo o seu amigo íntimo, embora o casamento dela o tenha deixado livre para casar-se com outra. Todavia, os dois permaneceram vinculados no nível anímico. Eis o que Yeats escreveu a Maud:

Outras, já que traíste tuas juras,
Tornaram-se minhas amigas.
Completou-se o triângulo.

Os eternos triângulos formam-se amiúde onde alguém se reencontra com duas antigas almas gêmeas, ou membros de seu grupo de almas, numa mesma existência. Reconhecer que se trata de um vínculo anímico ajuda, mas poucos são os que no início, se dão conta disso. Freqüentemente, uma pessoa tem um casamento feliz e a alma gêmea número dois aparece. Tenho também visto pessoas abandonarem um casamento insatisfatório em troca de uma alma gêmea e logo descobrirem uma outra. Como alguém já disse: "Como eu poderia amar dois homens ao mesmo tempo, com todas as minhas forças? Mas, acontece que amo!" No caso dessa mulher, o certo seria esquecer a alma gêmea número um — que não podia abandonar a mulher e a família —, pondo fim a todas e quaisquer ilusões acerca dele, e estabelecer um relacionamento com a alma gêmea número dois, que estava disponível. Quando ela o fez, encontrou a felicidade que desde sempre lhe vinha escapando.

O EQUILÍBRIO QUE CURA

Uma das situações mais positivas em matéria do eterno triângulo com que deparei não foi um relacionamento convencional — talvez por isso tenha-se resolvido tão bem. As três mulheres envolvidas eram todas heterossexuais. Uma delas estava vivendo com uma alma gêmea muito mais jovem, com a qual passara maus bocados antes de alcançar a tranqüilidade de que desfrutavam então. Uma outra das mulheres continuava empenhada na busca de si própria e achava que os relacionamentos com o sexo oposto poderiam aguardar até que ela estivesse satisfeita consigo mesma. Assim, também a terceira mulher, até que lhe apareceu uma alma gêmea calorosa e amável que muito lhe ensinou acerca do amor.

As três se aproximaram uma da outra em razão do seu interesse comum pela cura. Todas tinham consciência de antigas questões em torno do poder. Todas se lembravam de ter pertencido a uma fraternidade feminina em outros tempos. Essa fraternidade tinha acabado por ação de estranhos. Seus membros se dispersaram. As três mulheres tinham muita força quando se tratava de defender seus direitos; todas mantinham uma estreita ligação com sua energia masculina. Quando se juntaram, houve naturalmente algumas explosões antes que cada qual achasse seu lugar no grupo. Os sentimentos eram fortes, o ciúme apareceu — nem sempre relacionado com a vida presente. Paixões foram despertadas, mas elas sentiam que tinham de continuar juntas — eram almas gêmeas e — tinham uma tarefa a cumprir pela frente, de modo que estavam decididas a resolver todos os problemas. Elas se encaravam olhos nos olhos, não permitiam que nada fosse reprimido. Ao mesmo tempo, davam-se mutuamente um amor incondicional e o espaço necessário para que cada qual fosse o que era. Embora todas fossem muito intuitivas, cada qual tinha a sua maneira pessoal de trabalhar. O horóscopo de cada uma era governado por um dos planetas que Pat Gillingham tinha identificado como parte do trio anímico. Um sintetizava o amor (Netuno), outro a vontade (Urano) e o outro o poder (Plutão). O desafio era encontrar uma forma de integrar essas energias em benefício do próximo, em vez de elas se consumirem em brigas entre si.

Elas desenvolveram um sistema de trabalho em que todas se ligavam entre si de uma forma mais ou menos aleatória, porém direcionadas para o atendimento das necessidades de seus pacientes. Conquanto todas tivessem habilidades paranormais, o componente "Netuno" do trio era particularmente bom no diagnosticar intuitivamente a "doença" da pessoa. "Plutão" era perito em trabalhar no corpo para liberar o trauma anímico. O componente "Urano" do trio cuidava de curar bloqueios provenientes da infância e era excelente especialista na transmissão de energia. Assim sendo, elas se juntavam aos pares quando necessário, combinando seus talentos e, vez ou outra, todas as três trabalhavam em conjunto para restaurar o equilíbrio energético. Com o correr do trabalho, suas energias se harmonizavam. Vez por outra, nem precisavam trabalhar juntas no nível físico. Por meio de telepatia, qualquer uma delas podia recorrer às demais, captando a energia que se fizesse necessária. A fraternidade tinha sido restaurada e o karma neutralizado. Uma entidade astral lhes disse: "O grupo de almas está sendo reunido; novos membros não cessam de vir para ele. Cada uma assume a posição que lhe cabe. Nem todas as irmãs originais se reencontrarão, mas manterão contato nos níveis etéricos. A finalidade da cura está sendo atingida."

Almas Gêmeas em Série

Às vezes encontramos mais de uma alma gêmea.
Tudo depende daquilo que tivermos vindo fazer.[36]

Certo dia de verão, meu telefone tocou. "É Judy Hall?", perguntou uma voz com sotaque sulino. Quase pensei que era Scarlett O'Hara no outro lado da linha; por isso vou chamá-la de Scarlett. Foi Scarlett quem uma vez disse que a nossa alma gêmea tem como única finalidade nos ensinar a mais dura das lições.

Durante essa primeira ligação, Scarlett limitou-se a dizer que havia encontrado sua alma gêmea, mas que ele estava morrendo. Sua alma gêmea anterior já tinha morrido. Será que poderiam ver-me com urgência? Com o passar dos anos, Scarlett acabou por revelar que aquela era na verdade sua terceira alma gêmea e que a número dois também tinha morrido. "Acho que estou presa num modelo", disse ela com certa dose de filosofia, "mas é um modelo que eu gostaria de mudar."

Era uma dessas histórias de almas gêmeas em série, a de Scarlett, e bem mais do que isso. Por clareza, não tentei reproduzi-la na ordem em que me foi contada, senão na ordem cronológica dos acontecimentos. Todavia, numerosas das intuições que ela teve basearam-se na consideração do que já tinha acontecido e, como veremos, o conto serpeia entre numerosas vinculações de almas até chegar ao seu desfecho. É um conto complicado e tumultuado.

Aos dezoito anos de idade, Scarlett mudou-se de uma pacata cidadezinha do Sul, em que as damas ainda usavam luvas brancas e, à tarde, faziam a sesta em lençóis alvos e perfumados. A vida na cidade grande foi para ela uma surpresa e o trabalho numa grande empresa de seguros serviu para abrir-lhe os olhos.

No terceiro dia, a porta se abriu e, nas próprias palavras dela, lá estava o "pão", o maior "pão" do mundo. Bastou um olhar para que aparecessem todos os sintomas clássicos: taquicardia, música romântica no ar, o chakra da base despertando. "Venha viver comigo", disse ele. Como era uma jovem de irrepreensível criação, ela demorou uma semana para ceder. Ela sabia que ali estava sua alma gêmea, seu único e verdadeiro amor. Contudo, iria ter um desagradável despertar (sem que soubesse, ela carregava no íntimo a marca do "sofredor por amor").

Clark era narcodependente e promíscuo, e não estava nem um pouco disposto a mudar de vida por ter encontrado sua alma gêmea. Voltando do trabalho, Scarlett encontrava o apartamento cheio de viciados e às vezes, o que para ela era pior, uma amiga especial com quem ele tinha estado na cama durante toda a tarde. Tantas vezes ela foi embora, outras tantas voltou. Não conseguia livrar-se dele. Ela sabia que o destino deles era ficar juntos, coisa que ele não se cansava de lhe recordar dizendo o quanto a amava e o quanto precisava dela. Ela entrevia o potencial que ele tinha e o que ele poderia vir a ser, mas nem por isso deixava de perceber com clareza a realidade da situação dele. Scarlett não era uma mulher fraca e desvalida, apesar das suas origens sulinas. Ela galgava degrau por degrau a escada do sucesso profissional, competindo com homens muito mais velhos e experientes. Mas era um joguete nas mãos de Clark. Este, contudo, despencava rápido no abismo do vício.

Um dia, afinal, ela se foi "para sempre". Havia reconhecido que não havia nada que pudesse fazer por sua alma gêmea. Para salvar a própria vida, tinha de ir-se. Dois dias depois, Clark morreu de uma *overdose*. Scarlett embarcou num avião para a Inglaterra, coisa que repetiria muitas e muitas vezes. Ela não teve forças para ir ao funeral. Tinha pavor da morte.

Cinco anos depois, conheceu sua alma gêmea número dois. Era Rhett Butler encarnado. Lindo, másculo, atrevido, perigoso até, era a personificação do cavalheiro sulino adequado àquela bela sulina. O primeiro encontro deles foi num baile a fantasia. Claro que foram fantasiados de Rhett e Scarlett. Estava lá um produtor cinematográfico que rodava um filme ambientado no velho Sul. Eles participariam como extras? Pareciam ter a cara do papel. Ela se movimentava no seu traje como se tivesse nascido dentro dele.

(Muitos anos depois, quando fiz para ela uma leitura kármica, sem saber o que havia acontecido, disse-lhe que ela tinha tido uma vida na região confederada. Seu grande amor tinha desaparecido na Guerra Civil americana (o corpo nunca foi encontrado) e durante o resto da vida ela chorou por ele. Ela jurara esperar por ele "para sempre". "Ah, aqui está ele: uma foto dele tirada num baile a fantasia." Para clarear as coisas, fiz Scarlett retroceder à sua vida com Rhett e ela retificou o juramento que tinha feito. "Para sempre" passou a ser "pela vida presente". Fazendo esse tipo de ajuste no tempo, curando o passado, pode-se alterar a vida atual e nada precisará ser levado para a vida futura. Quando, e se, eles voltassem a encontrar-se, começariam tudo na estaca zero, sem comprometimentos com promessas passadas.)

Durante os cinco anos que se seguiram, Scarlett administrou esse relacionamento de uma forma um tanto diferente. Rhett morava com seus abastados pais e não tinha a menor vontade de mudar-se. Ela vivia no seu pequeno apartamento. Mas eles se viam quase cotidianamente e as famílias tinham muita intimidade (e assim continuaram). Um dia se casariam. A única nuvem no horizonte era que Rhett nem sempre se sentia bem. Todos achavam que era hipocondria até que um dia a mãe dele telefonou para informar que ele estava hospitalizado com um câncer hepático terminal e que se Scarlett quisesse vê-lo teria de apressar-se. Scarlett detestava hospitais. Ela esteve lá uma vez mas não conseguiu suportar e, novamente, levantou vôo para a Inglaterra. Quando voltou, foi para o enterro dele.

Neste ponto, é preciso fazer uma digressão. Rhett era filho adotivo. Seus pais haviam tentado durante muito tempo ter um filho próprio, que afinal nasceu quando a mãe já beirava os quarenta anos de idade. Ela, que sempre desejara ardentemente aquela criança, jamais duvidara de que um dia ela viria. Era uma bonita criança, porém desde logo se constatou que não era muito forte. Aos cinco anos morreu de câncer no fígado. A mãe contou-me quarenta anos depois que pouco chegou a sofrer: ficou simplesmente estupefata. Uma parte dela se fechou então para não mais reabrir. Seu filho querido tinha partido.

Ela não engravidou mais, de modo que adotaram um menino, Rhett. Quando ela me mostrou as fotografias dos dois filhos, fiquei atônita. Os dois eram tão parecidos que ela própria tinha muita dificuldade em distingui-los. "Eu estava certa de que o meu nenê havia voltado para mim", disse-me aquela batista fervorosa. Assim foi que a segunda perda provou-se quase impossível de suportar. Era algo que ela certamente ia levar consigo para outra existência, um drama anímico que ainda os irá novamente reunir no futuro.

Em outra etapa da história, quando a visitei depois de vários anos, deram-me o quarto de Rhett. Era um santuário em homenagem ao filho falecido, cheio de fotos em molduras de prata, todas magníficas. "Sim", disse Scarlett a uma observação minha, "ele estava sempre deixando-se fotografar; parecia uma obsessão; queria ser admirado. Mandava fotos para revistas. Queria realmente ser uma estrela."

Tarde naquela noite, não tendo conseguido dormir, eu assistia a um programa pela televisão. De repente, Rhett surgiu na tela. Corri os olhos da tela para a fotografia colocada sobre o aparelho. Não havia como errar. Era exatamente a mesma pessoa. Era um ídolo das matinês da década de 30. Morrera quando sua carreira começava a tomar impulso. De tanto beber, ficara sofrendo do fígado. As doenças desse tipo podem transmitir-se de uma existência para outra, karmicamente, instalando-se no corpo (ou nos corpos) que a alma habita. Ali estava um elo de ligação com o menino que havia morrido e o jovem que veio depois dele. Gritei a Scarlett que viesse ver. Ela foi da mesma opinião. Lá estava um outro aspecto da sua alma gêmea.

Voltando ao meu relato, Scarlett decidira-se a dar uma folga provisória às suas almas gêmeas. Mudou-se para a Inglaterra e casou-se com um velho amigo: "Não há dúvida de que não era uma alma gêmea, mas era alguém com quem eu sabia ter vivido outras vidas." Ela sentia-se segura, como se ele houvesse prometido cuidar dela (promessa que foi reiterada numa posterior regressão e confirmada espontaneamente pelo marido numa retrospectiva de vidas passadas).

Entrementes, a irmã de Scarlett tinha tido um filho. "Dei uma olhada e vi que era Clark" (a alma gêmea número um), disse Scarlett. Embora vivendo em outro canto do mundo, ela se afeiçoou muito a essa criança. Era a ela que ele recorria quando tinha problemas; era a ela que ele dedicava um "amor todo especial". Na família dizia-se que aqueles dois tinham uma vinculação sem limites. Eram almas companheiras.

Alguns anos se passaram. Aparentemente, Scarlett e o marido eram felizes, mas Scarlett começou a sentir uma incômoda dúvida. Algo estava faltando. Estaria ele simplesmente cumprindo a promessa de cuidar dela? Ela sentia que sua vida tinha um propósito que não se estava concretizando. Seria seu destino estar com uma Alma Gêmea? Ela procurou um desses seminários tipo "Encontre sua alma gêmea", que na época tinham muito prestígio nos Estados Unidos. Cinco semanas depois telefonou um amigo: "Um amigo meu está para chegar da Inglaterra e quero que você o conheça. Sei que vocês já estiveram juntos." Ao abrir a porta, Scarlett também se deu conta de que já haviam estado juntos. Era a alma gêmea número três. Na descrição dela, Ashley era: "Maravilhoso, um pedaço de homem, igualzinho a Tom Selleck." Havia um único problema. No terceiro encontro, ele contou a ela que teria poucas semanas de vida; estava com câncer. Mais tarde, disse-lhe que era *gay* e tinha aids. Obviamente, essa não haveria de ser uma união sexual, embora houvesse entre eles uma apreciável dose de atração. Ela pensou que as razões seriam outras.

Foi então que me telefonou.

Na ocasião, eu pouco ou nada sabia a respeito deles, o que, aliás, é a minha forma preferida de trabalho. Ela me disse que ele era sua alma gêmea e tinha câncer. Eu soube também que ela tinha tido uma alma gêmea que falecera. Apenas isso. Acerca do seu encontro com Ashley, ela disse:

> Foi mágico, como quando conheci minha primeira alma gêmea. Nós nos sentimos imediatamente atraídos um pelo outro e sabíamos que já nos havíamos conhecido. No primeiro encontro, falamos de reencarnação... no terceiro, ele me disse que achava preciso que ensinássemos um ao outro algumas lições e que não tínhamos muito tempo. Sentimo-nos tão próximos que ele me pediu que estivesse ali quando morresse... Como pode o destino ser tão cruel?

Quando comparei seus horóscopos, vi uma clara indicação de que se tratava de uma vinculação de almas, muito embora extremamente difícil. Essencialmente, eles rumavam para diferentes direções. É claro que este não seria para Scarlett um longo relacionamento, mas, ainda assim, foi um contato importante. Obviamente, havia lições kármicas a serem aprendidas e tarefas a serem executadas. O contato anterior entre eles tinha sido simbiótico e dominador, com uma poderosa energia materialista fazendo-se sentir. Havia uma forte necessidade de "entregar o assunto a Deus" em lugar de buscar que as coisas corressem de acordo com o que ela queria.

Em seu mapa astrológico e, portanto, em si mesma, Scarlett tem um "buraco negro emocional" em razão do qual acredita que jamais terá amor suficiente, e por isso está sempre manobrando para conseguir o que necessita; foi por isso que ela se conformou com uma relação relativamente insana com o marido. Essa fome de amor jamais será saciada pelo amor humano; a parte divina da pessoa é que terá de fazê-lo. Ela tinha de aprender a dar amor e esperar retribuição sem que nisso estivesse implicado qualquer tipo de dominação. Ela tinha também os indicadores da "sofredora por amor". Foi uma grande prova deixar correr as coisas, deixar que acontecesse o que tinha de acontecer. Isso estava associado no seu mapa a um desafio pelo amor incondicional que de hábito se manifestara inicialmente como um amante idealizado e idolatrado que é colocado num pedestal e de quem se espera seja um super-homem.

Quando começam a despontar as naturais fragilidades e falibilidades humanas, instala-se a frustração total. Com este aspecto, o que amiúde se vê é a pérola que se oculta no coração da pessoa, vale dizer, aquilo que ela poderá vir a ser e não aquilo que ela é agora. Apresenta-se um quadro ideal, sobejam as ilusões. Neste relacionamento, ela estava tendo a oportunidade de amar e de aceitar alguém exatamente como esse alguém era, sem ilusões possíveis. As energias planetárias estavam dizendo que ela poderia aproveitar a oportunidade para descartar um modelo de fusão num relacionamento apenas idealizado e aderir a um modelo de relacionamento de nível mais elevado. Seria com isso ajudada a desenvolver-se de uma forma não-egoísta e a libertar-se de antigos modelos de dominação. Seria também ajudada a apoiar Ashley em tudo que ele tivesse de fazer.

Um aspecto peculiar que veio à tona para ele foi a necessidade de ensinar aos outros que a morte pode ser criativa e, em nenhuma hipótese, representa o Fim — como sua família desde sempre acreditou. Leonino de natureza fogosa e exuberante, ele de alguma forma acabou se reduzindo a um indivíduo passivo, esquivo a enfrentar as situações. Era preciso que encontrasse sua própria fortaleza. Ele se acostumara a ceder em tudo aos outros motivado pela necessidade de parecer "bonzinho"; em outras palavras, ele era um "puxa-saco". Na regressão, ele voltou a um modelo em que sempre deixava que os outros decidissem aquilo em que ele deveria acreditar — especialmente o pai, com quem estivera em outras vidas. Ele precisava reassumir o controle da sua própria vida.

Quando visualizei as vidas anteriores que Scarlett e Ashley tinham compartilhado percebi que a mais forte delas parecia ter acontecido nos dias de pioneirismo em que as caravanas percorriam os Estados Unidos em todas as direções. Eu os vi como mãe e filho, sendo que o pai havia morrido. Ele era uma criança doentia, mas a mãe extremamente voluntariosa parecia mantê-lo vivo apenas com sua força de vontade e graças, também, a algumas ervas de paladar deveras desagradável. No fim, ele implorava permissão para morrer. (Quando Ashley, na regressão, voltou àquela vida, passava o tempo todo a choramingar: "Por favor, mãe, deixe-me ir, deixe-me ir, quero morrer." Ela, por sua vez, não se cansava de prometer que sempre estaria com ele, que seria forte por ele — uma promessa que Scarlett tinha-se encarregado de cumprir na vida atual.) Nascida na vida atual com o indicador de sua sina kármica localizado no obstinado e prepotente Áries, Scarlett comentou que, ao saber do câncer, sentiu vontade de obrigá-lo a viver. Ela correu a toda parte marcando para ele consultas com quantas pessoas lhe vieram à cabeça (uma das razões pelas quais me havia telefonado é que meu companheiro é um médico holístico que trabalhava com doentes de câncer e que, curiosamente, usa ervas chinesas — de gosto simplesmente horrível). Agora que ela se tinha conscientizado do modelo, podia tratar de deixar que as coisas corressem soltas e permitir que Ashley assumisse a responsabilidade por si próprio. Ela teve de canalizar sua grande reserva ariana de energia no sentido de fortalecer-se o suficiente para dar apoio a ele, em vez de fazer tudo por ele.

Scarlett decidiu deixar o marido e seguir o plano de vida de sua alma gêmea. Afinal de contas, ela havia prometido estar com Ashley quando ele precisasse e, ademais, achava que poderia aprender muito em seu relacionamento com ele, pouco importando o quanto durasse. Ela achava também que, sem o saber, tinha deixado de honrar a promessa feita a Rhett e que, num certo sentido, estaria fazendo-lhe uma reparação. Libertou o marido da promessa que ele lhe tinha feito e os dois terminaram amigavelmente o casamento, mesmo porque ela não queria que nenhum karma ligado a esse relacionamento fosse passado adiante.

Ashley e Scarlett voltaram aos Estados Unidos, e Ashley submeteu-se a um tratamento que lhe proporcionou uma sobrevida de mais três anos. Boa parte desse tratamento foi experimental ou não-convencional. Como ele dizia, nada tinha a perder e talvez fosse de ajuda a alguém no futuro. Durante todo o tempo que ele passou nos hospitais, Scarlett, cuja fobia nem sequer permitia que cruzasse a porta de um hospital, permaneceu ao lado dele e cuidou dele. Todas as funções fisiológicas que tanto a enojavam no passado passaram a ser encaradas por ela com naturalidade e amor. Ela aprendeu a aplicar injeções, a trocar curativos e a fazer outras tarefas íntimas. Os médicos se ofereceram para ministrar-lhe drogas que permitiriam que eles fizessem sexo, mas nenhum dos dois entendia que esse era o propósito do seu relacionamento. Ela disse: "Não poderíamos estar mais próximos um do outro; não tínhamos necessidade de sexo."

Como virginiana, uma das finalidades com que estava ali era servir; outra era conhecer a doença em todas as suas manifestações. Ela fez tudo que pôde para apoiá-lo em todas as decisões que ele tomou a respeito de sua própria vida. Muita coisa correu entre eles. Dizia-se tudo o que era preciso ser dito. Eles experimentaram juntos todos os tipos de emoção e partilharam de todos os sentimentos possíveis. Deram-se conta de que todo o karma tinha sido resgatado.

Em dado momento, ele se sentiu muito fraco, mas não quis voltar para o hospital, de modo que Scarlett cuidou dele em casa. Um dia ele lhe tomou a mão. "Estou tão cansado", disse. "Posso ir agora?" Ao que ela retrucou: "Você bem sabe que eu sou a única pessoa que não pode responder a essa pergunta; mas estarei com você, qualquer que seja a sua decisão." Mais tarde, nesse mesmo dia, ele se despediu e entrou em coma. A mão dela na dele, ele tranqüilamente partiu. Ela disse que ele parecia radiante de felicidade por passar para o outro lado. Desta vez ela preparou o corpo de acordo com o que ele pedira e providenciou que a cerimônia fúnebre fosse de elogio à vida que ele tivera e não de lamentação. Como ela disse: "Foi o último favor que eu pude lhe prestar e o fiz de boa vontade" — uma caminhada e tanto para quem não suportava a morte.

A última vez que tive notícia de Scarlett, a alma gêmea número quatro tinha acabado de surgir-lhe na vida. Ela está certa que este relacionamento vai ser diferente. Vai durar. Como diria Scarlett O'Hara:

"Amanhã será um novo dia."

Ligações Perigosas

A experiência com uma alma gêmea talvez não seja a maravilha que sonhamos.[37]

Parecia-se com Afrodite: alta, esbelta, loura — transpirava sexo, prometia paixão. Na pequena ilha grega não havia homem que não a olhasse com ofegante desejo. Luxúria pura pairava no ar, como que ao alcance da mão. Uma voz lhe tinha dito que a sua alma gêmea estava a caminho, de modo que ela enristara todas as suas armas para atraí-lo. Quando uma deusa apela para tudo o que tem, a coisa é séria; não há o que resista. Desgraçadamente para os mortais comuns que a rodeavam, a ela só lhe interessava ele: o primeiro e único. Rejeitados e afastados, os homens caíram como moscas. Afrodite é impiedosa quando se trata de satisfazer suas paixões.

Ansiosa por encontrar sua alma gêmea, no seu retorno à Inglaterra, Afrodite — assim podemos chamá-la — conheceu diversos homens que poderiam ter sido... mas não, não foram... e, um a um, também eles caíram. Então aconteceu. Disse-lhe um amigo: "Conheci um homem que é a pessoa certa para você. Venha jantar comigo e eu o apresento."

Ela estacou na soleira da porta, imobilizada. Ali estava ele. O arquetípico moreno, alto e formidavelmente inteligente, com que sempre sonhara. Seus olhares se cruzaram. Foi o suficiente... Nessa mesma noite, como que num sonho, ela se ouviu perguntando-lhe: "Por que não passa a noite aqui?" Contudo, uma voz interior sussurrou: "Não faça isso... vai se arrepender pelo resto da vida... Não percebe o que ele lhe fez?"

Seis semanas depois, entrevistada por um jornal sobre o tema "Amor à Primeira Vista", ela declarou: "Eu sabia que tinha de ficar com ele, custasse o que custasse. Era uma antiqüíssima alma gêmea. Tínhamos partilhado inúmeras vidas. Era nosso destino estar juntos." Encantador, geminiano típico, ele tinha muita coisa em comum com um dos amantes de Afrodite, Mercúrio, o astuto mensageiro dos deuses. Como, porém, ele era metade finlandês, outra decerto haveria de ser a sua mitologia, pelo que será mais adequado chamá-lo Loki, que assim se chama o trapaceiro deus nórdico.

Meio ano depois foi o casamento: choveram parentes e amigos para cumprimentá-la. Ao descer a nave rumo ao altar, sua vozinha interior gritou: "Ainda há tempo; desista, vá embora... JÁ!" Terminada a cerimônia, o braço no braço do marido, ela se encaminhava para a sacristia, quando a voz ressurgiu: "O que foi que você fez...?"

Tirante um incidente durante a lua-de-mel, a felicidade deles foi completa. Mas aquele pequeno incidente ficou na memória dela. Ela tinha saído à sacada e cantado para um bando de galinhas que ciscavam no pomar abaixo — imitando-lhes o cacarejar — a "Moda da Galinha" (bota um ovo pra mim...). Ele, por sua vez, tinha fechado a porta que dava para a sacada, deixando-a de fora. Estariam eles realmente sintonizados na mesma onda de freqüência? Pouco depois, ao preparar para ele uma romântica refeição, vestindo não mais que provocantes roupas íntimas, ela lhe fez essa pergunta. Ele lhe respondeu com gravidade: "Fantasias não têm lugar no casamento."

Tudo foi bem durante seis meses. Eles tinham muitos interesses em comum e acreditavam-se ligados por uma profunda vinculação espiritual. Escreveram artigos sobre assuntos espirituais e esotéricos para a revista *New Age*. Depois, juntaram-se a um grupo de meditação dirigido por uma entidade que supostamente se comunicava com o mundo dos vivos por meio de um computador. Ela não se impressionou, mas ele absorveu cada uma das palavras.

Duas semanas depois, o grupo partiu para um fim de semana de recreio. Afrodite e Loki foram convidados ao quarto de uma das mulheres, que chamarei de Atena. Lá chegando, constataram que o quarto tinha sido preparado para dois: havia rosas, champanha e luz de velas. Afrodite pôs-se a bebericar champanha numa caneca. "Estranho", pensou ela, "sinto-me aqui como uma intrusa." Sua voz interior, que nos meses precedentes havia estado muito eloqüente, mantinha-se agora estranhamente calada. Despertando tarde da noite, ela viu que estava sozinha. Aproximou-se da porta bem a tempo de ver Loki, afogueado, os cabelos em desalinho, saindo do quarto de Atena. Porém, em vez de dar ouvidos aos seus instintos, ela preferiu dar crédito ao seu belo marido, que alegou ter ouvido Atena gritar e corrido para ver se ela precisava de ajuda.

Com o passar das semanas, o casamento foi-se tornando progressivamente mais problemático. Ele se ausentava a maior parte do tempo, geralmente sem nenhuma explicação e, interpelado, se melindrava: "Não me faça perguntas", ameaçava. Ela se queixava de que não conseguia mais chegar até ele; parecia que ele se havia desligado dela. A vida sexual deles, que tinha sido apaixonante e inventiva, reduzira-se a zero. Mais tarde, ela descobriu que o computador havia supostamente captado que Loki e Atena eram almas gêmeas destinadas a ficar juntas e a viver e trabalhar como se fossem uma só. Atena abandonou o marido e os filhos para estar com ele. Ela tinha de proferir uma série de palestras na Austrália. Loki foi com ela — mas se esqueceu de comunicar o fato a Afrodite. Ironicamente, a essa altura a mídia alardeava que Atena era uma esposa e mãe feliz e amorosa, uma perita em relacionamentos. Com um pouco de atenção, seria fácil localizá-la nas suas andanças pela Austrália, perambulando na companhia de sua alma gêmea — mas sua imagem ficaria arruinada.

Enquanto tudo isso acontecia, Afrodite enfrentava um sério problema. Pouco antes, ela e Loki tinha adquirido uma casa, com dinheiro dela. Eles tinham hipotecado essa casa a um banco da família dele — que insistira em que também ela assinasse o contrato. O dinheiro levantado destinava-se a reformar a casa. Porém, Loki o havia usado para viajar à Austrália. Agora era preciso liquidar a hipoteca.

Ao voltar, ele se mudou da casa, mas deixou seus pertences guardados no porão. Como disse Afrodite: "Eu não conseguia me livrar dele, com todas aquelas coisas por perto." Ele também rompeu inteiramente com Atena que, por sua vez, procurou consolo junto a Afrodite. Mas o maior choque foi quando o banco da família dele exigiu de Afrodite a devolução do dinheiro da hipoteca. Afinal, disseram, você já não está vivendo com um membro da família e Loki não tem dinheiro para pagar. Terá de vender a casa e nos pagar. Podemos ir à justiça, se preciso. Os esforços que ela fez para localizá-lo foram inúteis, Loki havia sumido. Dentro em pouco, ela estaria sem moradia e sem um centavo.

Afrodite entrou em colapso. A experiência tinha provocado nela uma devastação emocional. Todas as suas esperanças se tinham esboroado. Seus sonhos para o futuro tinham terminado. Ela se sentia inteiramente traída. Seu maravilhoso parceiro era um declarado impostor. Física, emocional e mentalmente, ela estava em baixa. Espiritualmente, não tinha para onde ir. Tinha ímpetos suicidas, ataques de desespero e... fúria. Por fim, ela compreendeu: "Nem o inferno é pior que uma mulher desprezada." Sua raiva foi imensa; era a raiva primacial. Ela planejou matá-lo. A ira acabou revertendo sobre o seu próprio corpo. Quase morreu das complicações de uma moléstia comum na infância — que o médico diagnosticou como uma perturbação psicossomática. No período de febre alta que veio com a doença, ela se sentiu como que a arder no inferno. Claro que o diabo que manejava o forcado era o marido. Essa amarga experiência custou-lhe um tratamento de três anos. Afortunadamente, contudo, ela emergiu dele renovada e mais forte.

No auge do desespero, ela se perguntou por que tinha acontecido tudo aquilo e teve uma visão. Nessa visão ela encontrava-se diante de um tribunal. Foi julgada culpada de bruxaria e condenada à fogueira (um quadro que repetidamente vira ao longo da sua vida). Todavia, antes da execução apresentaram-lhe a conta das despesas com sua estada na prisão, julgamento e, mesmo, seu interrogatório. Todos os seus bens tinham sido confiscados quando fora declarada culpada, de modo que ela não sabia como iria pagar. Sem surpresa, o inquisidor chefe, na visão, era ninguém mais e ninguém menos que seu marido, Loki. Ela o amaldiçoou no último momento e sua praga serviu para reuni-los novamente. Para ela, a visão consubstanciava uma verdade antes psicológica que psíquica.

Não obstante, "por coincidência", solicitaram-lhe um trabalho de pesquisa sobre os caçadores de bruxas na Escócia. Na página de rosto havia um retrato do seu marido, só que se tratava do chefe dos caçadores de bruxas de Edimburgo, alguns séculos antes. Seu marido, na vida atual, tinha passado a maior parte da vida em Edimburgo e sempre quis levá-la a conhecer a cidade. Ela, surpreendentemente, nunca aceitou. A Escócia foi o único país das ilhas britânicas onde as bruxas eram queimadas. Noutros lugares, elas foram enforcadas ou afogadas — o fogo era reservado aos hereges. "O danado sempre fazendo das suas", comentou ela. "Não contente com me fritar nesta vida, me obriga, uma vez mais a pagar pelo privilégio!"

Esta história não é única. Muitos clientes meus têm coisas parecidas para contar. Nem todos se saíram tão bem como Afrodite. O tratamento a que ela se submeteu permitiu-lhe um alentado e minucioso exame de seus modelos mais arraigados. Uma de suas mais importantes lições foi romper com antigas respostas emocionais. O amor e os jogos correlatos tinham comandado sua vida. Ela tinha gasto muito tempo à procura da alma gêmea e sempre inclinava-se a pensar que cada homem que tinha desejado fisicamente era essa alma. Uma ilusão difícil de desfazer. Agora era preciso libertar-se dessa velha reação emocional e aprender a dar respostas diferentes.

Quando terminou de trabalhar sua transformação emocional, ela praticou um ritual para entrar em contato com a deusa Afrodite. Queria sanar seu relacionamento com o amor e encontrar dentro de si a capacidade de perdoar. (Que não era exatamente um dos pontos fortes da deusa Afrodite. Sabe-se que ela assassinava suas rivais.) Todavia, depois do ritual, a Afrodite de carne e osso conseguiu um divórcio amigável no qual seu lar foi poupado. Ela também insistiu em que Loki levasse todos os pertences que havia deixado para trás, depois do que se sentiu livre. Os pertences e fotografias das pessoas conservam em geral suas vibrações. Por vezes é uma purificação a queima ritual dessas coisas ou a doação delas. Afrodite descobriu que isso era verdade quando queimou as cartas de amor dele e doou os presentes que ele lhe havia dado.

Por mais que tenha querido matá-lo, ela se viu obrigada a reconhecer que a retaliação só faria acionar novamente a roda kármica. Embora difícil, ela não queria carregar para outra vida qualquer karma, de modo que liberou o passado e deu seu perdão a Loki. Ao perdoá-lo, reconheceu que a natureza dele era assim. Não podia culpá-lo. O deus Loki tampouco era digno de confiança, e sua contrapartida mortal era apenas um imitador natural. (Terminado o casamento, ela descobriu que ele havia abandonado três outras mulheres nas mesmas circunstâncias. Era um malandro por excelência.) Uma vez desfeita a ilusão, ela não só passou a vê-lo como ele era, como também passou a reconhecer a participação que ela própria tinha tido.

Desejosa de depurar quanto possível o passado, ela convidou Atena para jantar. Antes do incidente com Loki, elas tinham sido amigas. Reconhecia que Atena tinha sido tão magoada quanto ela própria. Agora, estava pronta para perdoar também aqui. Afinal, ela exorcizou toda a história escrevendo um romance. Ao fazê-lo, descobriu dentro de si uma imensa reserva de criatividade. Um dos seus projetos, que consistia numa nova maneira de encarar o amor e suas conseqüências, foi tão bom que fez sucesso de imediato. Mas, obviamente, se eu o identificar, estarei revelando quem ela é. Fique, portanto, Afrodite escondida sob o seu véu.

Como vimos, as almas gêmeas vêm em vários tamanhos e formatos, de acordo com aquilo que necessitamos aprender para crescer. Encontrar a alma gêmea nem sempre é uma experiência agradável e nem sempre acontece num relacionamento amoroso, como Júlia descobriu à própria custa.

Ela foi nomeada produtora teatral de um pequeno grupo de

atores contratados para uma certa peça que deveria rodar a Europa durante nove meses. Aparentemente, era o trabalho mais fácil do mundo. Bastava cuidar da conservação do teatro e fiscalizar os ensaios dos atores. Contudo, com o passar dos meses, começaram a vir à tona sérios conflitos de personalidade. Os atores estavam convivendo, comendo e trabalhando juntos as 24 horas do dia, o que sempre pode ser muito estressante. Scott, o membro mais velho do grupo, se tornou particularmente problemático e parecia gostar de deixar os colegas furiosos.

Em pouco tempo, a situação tornou-se explosiva. Começaram as brigas. Um ator foi embora sem aviso, o que fez a tensão aumentar entre os nove que ficaram. Júlia começou a ser apontada como culpada, mas a única coisa que pôde fazer foi enfrentar a tempestade. Porém, as coisas se precipitaram inevitavelmente quando Scott desapareceu por alguns dias, pretextando doença. A essa altura, Júlia já estava farta e, voltando ele, ela o admoestou verbalmente. Ele reagiu tão violentamente que o encontro dos dois se transformou numa cena deplorável, na qual Scott destilou todo o seu veneno em relação a ela. Júlia, percebendo sua segurança ameaçada, demitiu-o. No dia seguinte, Scott foi retirado do local pelos seguranças.

Júlia ficou arrasada diante do acontecido. Tinha sido a primeira vez na vida em que havia falhado no nível profissional; mas muito mais doloroso e aterrador fora constatar que era a primeira vez que se defrontava com o ódio de outra pessoa. Ela descreveu a experiência como "uma penetração no mais fundo da minha psique, que me cortou como uma faca". Perdeu por completo o sentimento de auto-estima, e o que se manifestou na forma de uma profunda e negra depressão. "Eu não parava de ver o ódio nos olhos dele durante o nosso entrevero. Eu não parava de pensar que ele voltaria para me pegar. Eu não conseguia esquecer o horror que é ser realmente odiado por alguém. Minha reação imediata foi odiá-lo também, mas logo me dei conta de como isso seria inútil. Só serviu para me fazer mais infeliz; mas verifiquei que os meus sentimentos em relação a ele, e em relação a tudo o que acontecera, eram difíceis de administrar."

Voltando para casa, Júlia começou uma série de sessões de terapia que, fazendo um retrospecto, foram o que de melhor poderia ter feito em seu próprio benefício. "Embora de início achasse difícil de aceitar, percebi ao longo da minha terapia que Scott, na realidade, tinha sido de grande utilidade para mim. Até então eu sempre fingira que tudo na minha vida tinha ido bem, e a minha maneira de lidar com os problemas era fugir deles. Descobri também que escondia minha baixa auto-estima sob uma fachada de exagerada confiança, o que fazia com que a minha vida nunca corresse como devia e com que eu sempre tivesse dificuldade para criar relacionamentos íntimos. Scott, se bem que involuntariamente, rompeu minhas barreiras e me deixou a descoberto. Não consegui fugir daquilo que de fato acontecia comigo interiormente." Ela diz que ele lhe deu o empurrão de que realmente necessitava. "Não é para isso que servem as almas gêmeas?"

Por acaso, há cerca de um ano os dois se encontraram na rua. "Meu coração disparou quando dei com ele, mas não deixei que o medo me dominasse, de modo que me encaminhei até ele e o cumprimentei. Obviamente, nenhum de nós tinha vontade de conversar, mas percebi que já não havia ódio em seus olhos e, quando ele se afastou, fui capaz de lhe desejar o bem.

"Carregarei sempre comigo essa experiência, mas creio realmente que ela fez de mim uma pessoa melhor e muito mais compassiva para com os outros. Também tenho agora uma compreensão bem mais clara do que é na verdade uma alma gêmea. Antes eu pensava que somente 'ele' poderia ser, o primeiro e único. Hoje acredito que nossas almas gêmeas são pessoas que entram na nossa vida quando precisamos vencer nossos medos a fim de aprender uma lição muito importante. Elas podem ser amigas ou inimigas, dependendo do estado de alma em que nos encontramos. Essa percepção ajudou-me imensamente porque deixei de esperar que o 'príncipe encantado' me invadisse a vida montado em seu cavalo branco e tratei de me contentar com quem eu tinha diante do nariz. Em seguida, meus relacionamentos melhoraram incrivelmente. É estranho pensar que tenho de agradecer isso a Scott", concluiu ela com um sorriso.

Falsas Almas Gêmeas

Os lábios dela sugaram-me a alma.

— *Christopher Marlowe*[39]

A sugestão pode ter um papel de enorme relevância numa experiência com almas gêmeas. Nós vemos aquilo que queremos ver, especialmente quando o "espetáculo" se sintoniza com nossas preconcepções, ou nos abona uma conduta destrutiva que, embora não venha ao encontro do que mais nos convém, é para nós um hábito — e, mais especialmente, quando pode conter um componente de alguma vida passada. George, um cliente meu, contou-me a seguinte história, quando veio fazer uma regressão, há alguns anos:

> Eu estava num bar e já tinha bebido demais. Estava em pé junto do balcão. Helen veio até mim — não fui eu que me aproximei dela — e começou a falar. Sugeri que nos sentássemos. Achei-a atraente, mas não fiquei caído desde logo por ela. Helen tinha ido ao bar com um homem, mas ele estava do outro lado do recinto. Tinha também um namorado com quem andava dormindo, mas sentou-se comigo.
>
> Contei-lhe como dois dias antes, num outro bar, conversando com duas adolescentes, eu fingi que era um extraterrestre e lhes pedi que não contassem nada a nenhum terráqueo. Disse-lhes, mais, que tinha um encontro marcado com uma nave espacial. Eu gostaria de ter ficado mais tempo conversando com elas, mas isso iria estragar a brincadeira. Eu acho que as garotas estavam se divertindo, mas talvez fossem jovens o bastante para pensar que podia ser verdade. Depois de ouvir-me, Helen disse que tinha vindo até mim por ter me achado com jeito de um jovem desocupa-

do. Para mim, quase quarentão, foi muito lisonjeiro ser tomado por um jovem.

Ela então perguntou-me se eu sabia o que era o Círculo Interior. Como de longa data eu tinha certo conhecimento sobre assuntos esotéricos, perguntei-lhe se ela se referia ao Círculo Interior da Humanidade, pois eu sabia que existia quem acreditasse nesse tipo de coisa. Aí ela ficou realmente interessada e continuamos a conversa. Dei-lhe o endereço de uma organização que supostamente tinha conhecimento do Círculo Interior. Ela me deu o seu endereço. Quando me recuperei da bebedeira, na manhã seguinte, pensei que talvez houvesse falado mais do que devia, de modo que escrevi-lhe dizendo que não entrasse em contato com essa organização por conta própria e que, se quisesse saber mais, poderia entrar em contato comigo. Foi o que ela fez dois dias depois. Eu lhe disse que teríamos de ter uma conversa séria. Ela respondeu: "De qualquer forma, eu estava esperando uma carta. Tenho muitas intuições a respeito dessas coisas."

Assim é que fui ao apartamento dela, levando comigo uma fita das músicas de Gurdjieff. Ela tocou violão e bebemos cidra, falando de coisas esotéricas. A essa altura eu já estava francamente caído por ela. (Que não tenha acontecido de imediato foi um bom sinal, mas na ocasião eu não me dei conta disso.) Na verdade, comecei a sentir que o meu chakra da base se abria, até que se incendiou de vez.

Convidei-a para sair e fomos tomar um drinque (mais tarde, percebemos que ambos éramos alcoólatras e que, embora em ocasiões diferentes, tínhamos estado nos A.A.). Dessa vez, ela me convidou para passar a noite no seu apartamento, ressalvando que eu poderia dormir lá mas não necessariamente com ela, se não quisesse. Dormimos no mesmo quarto, mas em camas separadas. Pela manhã, instalei-me na cama dela, mas nada aconteceu. Eu já estava convencido de que me tinha apaixonado por ela. Sentia-me apaixonado. A sensação é diferente quando se está apaixonado por alguém. Eu sentia que ela era para mim — uma alma gêmea.

Quando lhe perguntei como tinha ouvido a respeito do Círculo Interior, ela me contou que um seu namorado começara certa vez a balbuciar enquanto dormia: "Um meio pacote de biscoitos vale a entrada no Círculo Interior." Como meu nome faz parte do nome do fabricante de uma conhecida marca de biscoitos, e seria fácil encontrá-lo em meio a pacotes de biscoitos, encarei isso como um aviso dos céus.

Na semana seguinte, era o Dia dos Namorados. Caía numa sexta-feira. Convidei-a para sair nesse dia, mas ela me disse que já tinha um compromisso. Enviei-lhe um cartão e ela me enviou outro. Como eu não iria trabalhar, decidi ir à França. Porém, achei que iria me sentir muito só se não tivesse alguém ao meu lado nesse dia, de modo que acabei me dirigindo ao apartamento dela. Acontece que ela estava recebendo outros amigos homens, entre os quais o seu atual namorado. Então fomos todos a um bar e, depois, voltamos para o apartamento dela. No fim, todos se retiraram, menos Helen, o namorado e eu próprio. Como parecia que o namorado não iria embora, acabei me retirando.

Qualquer pessoa sensata teria abandonado então o relacionamento. No entanto, àquela altura eu já me sentia inteiramente enfeitiçado por ela, e é da natureza humana querer aquilo que não se pode ter. Imaginei-me casado com ela e criando filhos, pois ainda pensava que ela era minha alma gêmea. Continuei a vê-la, mas na semana seguinte ela me disse que não queria nenhum relacionamento e que eu estava envolvido demais emocionalmente, tanto quanto o namorado por quem, aliás, ela pouco sentia. Ela me disse também que suas fantasias sexuais eram com mulheres. Apesar de tudo, continuei a vê-la, de modo geral em algum bar, embora tudo estivesse mostrando que o nosso relacionamento não iria levar a nada. Àquela altura, embora com seus trinta e poucos anos, ela estava tendo um caso com um rapaz de dezesseis. Certa noite, ela estava na cama com ele e eu me retorcia de ciúmes no sofá da sala.

Em dado momento, perdi meu emprego e tive de mudar-me. Felizmente, pude voltar para minha verdadeira alma gêmea, Gretchen, que, pacientemente, aguardava por mim. Ela sabia o que tinha acontecido, apesar de termos estado separados. Ainda assim, continuei a procurar Helen durante muitos anos. A atração era muito forte. Um ano depois, quando lhe fiz uma visita, ela insinuou que queria que eu dormisse com ela. "Se não estivesse comprometido com Gretchen, provavelmente toparia", disse eu, e me retirei imediatamente. Percebo agora que a atração consistia em que ela bebia e me incentivava a beber. Gretchen não gostava que eu bebesse e eu pensava que Helen me aceitava pelo que eu era — mas, por outro lado, também eu pensava que Helen era a minha verdadeira alma gêmea. Foi só quando larguei a bebida que me perguntei o que me havia atraído nela.

George fez comigo uma regressão para saber por que não tinha dinheiro. Passados oito anos, é isto o que ele recorda:

Retrocedi a uma vida passada na qual, como camponês medieval, tinha de acompanhar meu senhor em suas guerras na França. Participamos do cerco de um castelo, em seguida ao que massacramos todos os habitantes. Como resultado, o senhor se apossou de todos os tesouros que havia no castelo. O Senhor se sentia tão grato por minha atuação no massacre que, na volta, tinha-me feito um homem rico. Pude então ter o meu próprio castelo. Contudo, como toda aquela riqueza havia sido conquistada com derramamento de sangue, não me causava nenhum prazer. Quer fosse historicamente verdadeiro, quer não, era uma verdade psicológica e essa revelação ajudou-me a mudar de atitude em relação ao dinheiro na vida presente. Antes, eu o considerava como algo "pecaminoso e não-espiritualizado"; hoje começo a encontrar prazer nele — e a tê-lo em quantidade muito maior. Dei-me conta de que não existe nada de mau em ganhar dinheiro, desde que com honestidade e não à custa alheia.

Foi nessa vida que me vi casado com Helen. Se se trata de mera projeção de desejo ou não, não faço idéia. Quando lhe contei o fato, ela me tomou carinhosamente a mão. Foi um dos raros momentos de ternura que houve entre nós.

Quando entrei em contato com George para lhe pedir permissão para usar seu relato nesta obra, solicitei-lhe que olhasse para trás e me contasse o que tinha aprendido:

Num livro chamado *On Love*, citando seu mestre Gurdjieff, A. R. Orage assevera que é possível dizer como determinado relacionamento irá transcorrer examinando os primeiros cinco minutos. Fazendo um retrospecto, não havia nenhuma atração imediata por aquela mulher; ela era apenas alguém com quem eu podia conversar e tomar uma bebida — o álcool é que nos vinculava. Eu lhe contei a história de uma mentira que eu tinha pregado em outras pessoas, e, em seguida, comecei a mentir para mim mesmo. A atração desenvolveu-se mais tarde, baseada na auto-sugestão e no álcool. Ao passo que, quando conheci Gretchen, minha verdadeira alma gêmea e atual parceira, em cinco minutos já falávamos de uma porção de assuntos que nos eram caros e parecia que desde sempre nos conhecíamos. Curiosamente, Helen me telefonou não faz muito tempo. Deixou um recado na minha secretária eletrônica. Quando ouvi a mensagem gravada, nem sequer reconheci a voz dela.

Como George descobriu, uma falsa alma gêmea pode exercer uma poderosa atração, particularmente quando isso nos deixa viver presos a alguma forma de escapismo. A alma gêmea pode ser um vício; o álcool, outro. Uma e outro envolvem auto-sugestão e fuga à realidade. Como demonstra a história de George, nem sempre esse engano é uma experiência agradável; mas, para a vítima do engano, assim parece durante algum tempo, pouco importando o que um estranho possa pensar a respeito.

Em outra experiência com uma falsa alma gêmea, Gaynor decerto encontrou uma parte do seu grupo anímico, gente com quem ela tinha tido anteriormente muitas vidas, mas era uma parte que, na vida atual, simplesmente se recusava a crescer. Como Brian Weiss adverte, uma alma gêmea indesejada pode causar muita angústia, porque, embora ficando à disposição, ela não estará sintonizada com nossos desígnios espirituais.

Gaynor aderiu a um grupo espiritualista. Então conheceu Larry. Instantaneamente atraído, ele logo se tornou parte nos negócios e na vida social dela. Dentro de mais ou menos um ano, ele havia se tornado seu parceiro comercial, bem como seu amante. Porém, apesar das suas juras de amor eterno, ele recusava-se a abandonar o seu estilo de vida promíscuo, embora o prometesse. Gaynor muito se magoou com isso. Ela acreditava que o amor eterno exigia fidelidade eterna. O grupo a que ambos pertenciam pregava enfaticamente os princípios espiritualistas e ensinava que encontros sexuais fora do relacionamento anímico faziam mal à saúde da alma. Larry, contudo, ao tempo em que propalava as crenças do grupo, adotava na prática suas próprias regras. Na verdade, ele nunca levou a sério seu desenvolvimento espiritual; o prazer era prioritário. Ele usava a crença dela em vidas passadas e, ainda, o fato de que o chefe do grupo dissera que eles eram almas gêmeas para manipulá-la quando ela parecia estar escapando às suas garras.

De qualquer forma, esse relacionamento se arrastou por dois anos ainda antes que eles se separassem. Mas a essa altura ela dependia bastante dele em sua atividade profissional, de modo que continuou a vê-lo com freqüência. Num dia de seu aniversário, eles saíram para almoçar juntos e Gaynor entrou numa regressão espontânea a uma vida passada na qual tinha sido muito amada — por Larry, ao que pensou. Eles tinham sido venturosamente felizes, verdadeiras almas gêmeas. Ao mesmo tempo, Larry lhe contava acerca do novo relacionamento em sua vida. Ela sentiu que a recordação era de um tempo em que ela tinha sido completamente amada, algo que não lhe acontecera na vida presente, mas que ela reconheceria se tornasse a acontecer. Mas Larry? Como podia ele ser sua alma gêmea, se a tratava tão mal? Que devia fazer?

Não lhe ocorreu que a lição poderia ser que eles tivessem de deixar de ser amantes para que ela reencontrasse o amor, agora em outra pessoa. Tampouco ocorreu a ela que eles talvez estivessem destinados a trabalhar juntos e não a ser amantes. Ela mantinha um negócio pioneiro que propiciava ajuda a numerosas mulheres. Ele tinha o tirocínio de que ela necessitava, tanto em termos financeiros como de mercado. Misturando "amor" e negócios com os conflitos daí decorrentes, inevitavelmente seu negócio começou a ir por água abaixo. Ela sentiu que aquela regressão espontânea era uma confirmação de que Larry era de fato sua alma gêmea. Nessa noite, levou-o consigo para casa e na noite seguinte também... Acreditava em "orientação superior" e consultou vários médiuns, bem como o chefe do seu grupo espiritual (que lhe assegurou que Larry era a sua verdadeira e única alma gêmea). O resultado foi uma confusão total. Alguns diziam que ele era a sua alma gêmea, outros diziam que havia outra alma gêmea à espera dela. Alguns diziam "fique", outros diziam "vá".

Durante esse tempo, Larry a infernizava mental e emocionalmente. Espiritualmente, eles não tinham proximidade nenhuma, mas, financeiramente, ela dependia dele por completo. Aconteceu que em dado momento ela não conseguiu mais suportá-lo. Ela abandonou o relacionamento e acabou com a sociedade comercial. Em pouco tempo seus negócios retomaram o ritmo e alcançaram grande sucesso. Ela se deu conta de que o reconhecimento de Larry como sendo o indivíduo que, na regressão espontânea, a amava, não passava de projeção de desejos. Ela viu outros, e menos idealizados, contatos com Larry no passado. E começou a vislumbrar um quadro mais realista da interação entre eles.

Logo lhe disseram que sua verdadeira alma gêmea se aproximava. No entremeio, ela conheceu um jovem muito gentil e amoroso. Sabia que não era a sua alma gêmea; todavia davam-se muito bem. Ela entrou em contato comigo para saber o que eu achava. Incentivei-a a prosseguir. Eu achava que poderia ser uma relação saudável para ela. Ela não precisava, naquele estágio, da intensidade de uma "verdadeira alma gêmea". Era preciso que curasse as próprias feridas e tivesse tempo para se recuperar. Um homem gentil e amoroso seria de ajuda. E foi, por pouco tempo; depois tudo terminou bem.

Todavia, o que sempre atrapalhou seus relacionamentos foi o perene desejo por um instantâneo amor perfeito. Primeiro que tudo a recordação inconsciente, e depois a lembrança viva daquele antigo grande amor encravada no cérebro. Ela não estava preparada para contentar-se com menos. A essa altura tinha em mira um ou dois candidatos ao cargo de alma-gêmea-em-chefe, mas não se decidia. Enquanto hesitava, relacionamentos potenciais se perderam uns após outros. Ela vivia sempre o amanhã, nunca o agora. Essa era a grande lição da sua vida, mas ela não estava disposta a agarrá-la. Quando, afinal, começou a viver no presente, viu-se rodeada por amizades compensadoras e algumas boas companhias. Decidiu que ficaria com isso até que "ele" aparecesse. Enquanto isso, continuaria a trabalhar seu lado espiritual. Era o mais longe que poderia ir naquele estágio.

Como Gaynor descobriu, uma falsa alma gêmea, por mais íntimo que o contato tenha sido no passado, associado ao desejo de um amor perfeito, pode levar à perda de muitas oportunidades. Oportunidades que, houvesse ela cultivado, poderiam tê-la levado a aprender novas maneiras de amar. Durante muito tempo, ela tentara fazer Larry enquadrar-se naquilo que imaginava que ele poderia ser e não naquilo que ele realmente era. Dar-se conta de que uma alma gêmea do passado pode ser incompatível por haver assumido na vida presente outra personalidade é uma enorme lição. O amor verdadeiramente incondicional permite àqueles que amamos, no presente e no passado, desenvolverem-se no próprio ritmo e à sua própria maneira. Se não houver coincidência com a nossa maneira de ser, teremos então de nos colocar placidamente de lado, enquanto eles tomam os seus caminhos. Uma velha história esotérica diz que, se apertarmos muito um pássaro entre as mãos, o mataremos. Se o soltarmos, e ele voar para longe, quer dizer que ele nunca foi nosso; mas se a sua sina for permanecer conosco dando-lhe a liberdade, ele voltará. O mesmo se aplica ao amor.

AMANTES IMPOSSÍVEIS

Dos ventres fatais destes dois inimigos
Nasce um par de amantes impossíveis.
— William Shakespeare

Um dos mais penosos contatos anímicos acontece quando as duas partes provêm de campos opostos: famílias ou culturas que se guerreiam. Todos conhecemos *Romeu e Julieta,* a tragédia de Shakespeare. As famílias de ambos alimentavam uma velha inimizade, o que não impediu que os dois jovens se apaixonassem. Julieta reconhece que é um amor condenado enquanto prosseguir a hostilidade. Para ela, a única esperança é passar por sobre o modelo ancestral. Ela suplica a Romeu:

Nega a teu pai e renega teu nome;
Quando não o faças, juro-te, meu amor,
Deixarei eu de ser uma Capuleto.

O que a inimizade impediu foi que vivessem felizes para sempre. Inevitavelmente, as tragédias se acumularam com o desenrolar da peça. As famílias terminaram mais divididas do que nunca; não conseguiram encontrar nos próprios corações a força para reconciliar-se, apesar do sacrifício dos seus jovens. A maldição continuou:

A praga de ambas as vossas casas
fez de mim pasto de vermes.

Romeu e Julieta é uma peça que tem sido representada através dos séculos, seja na literatura, seja na vida real. Em *West Side Story,* ela é remanejada e tratada como um tema contemporâneo, mas a tragédia triunfa sempre. Ao longo dos anos, tenho trabalhado com muitos casais à procura de compreender o que existe por trás de uma atração que os fez transpor barreiras culturais e religiosas: católicos e protestantes, muçulmanos e cristãos, hindus e ateus, brancos e negros. Em todos esses casos (minha amostragem é obviamente preconceituosa, pois foram essas as pessoas que me consultaram), o relacionamento provocou o afastamento entre as famílias. A despeito do sincero desejo e, em muitos casos, do propósito anímico dos casais interessados, não lhes foi possível resolver o problema. Cada casal se sentia como almas gêmeas que tinham sido convocadas no tempo a reunir-se. Alguns, desafiando as famílias, casaram-se; outros sucumbiram às pressões familiares e se separaram.

Uma dessas histórias diz respeito a uma mulher inglesa e sua alma gêmea, um egípcio mais novo do que ela. Conheceram-se quando ela lecionava no Egito. Segundo ela, ele desempenhava no colégio funções que não estavam à altura da sua verdadeira capacidade. Ele era altamente inteligente e tinha sido dançarino profissional, porém com poucas perspectivas nesse trabalho, de modo que a família o enviara para trabalhar na limpeza do colégio e, ao mesmo tempo, estudar inglês.

Ele e a inglesa sentiram-se desde logo atraídos um pelo outro, e foram longas as conversas que mantiveram. As ligações astrológicas entre os mapas eram muitas. Não era de admirar que ele se sentisse como uma alma gêmea dela. Ela tentou encontrar para ele um emprego mais condigno — na sua opinião — que lhe abrisse melhores horizontes. Um dia ela o convidou a visitar seu apartamento e rápido eles se tornaram amantes, por instigação dela. Os homens egípcios têm poucas oportunidades de se relacionar sexualmente com o sexo oposto fora do casamento. A família é quem sempre arranja os casamentos e é rigorosa na escolha dos pares. Uma inglesa e, além disso, mais velha, não tinha esperança de romper com esse hábito. Ela foi fazer uma visita à família dele e deu um jeito de insinuar que andava dormindo com ele. Se pretendia com isso dar a coisa como fato consumado, não se sabe com clareza, mas a reação da família foi a mais previsível. Mandaram que o rapaz voltasse para casa e cortasse relações com ela; além disso, arranjaram um casamento para ele.

Ela ficou acabrunhada. Quanto a ele, parece que encarou o assunto de uma forma mais filosófica. Afinal de contas, estavam numa cultura em que o amor continua tendo um papel secundário nos casamentos. Há outros fatores a considerar. Apesar de tudo, ela fez o que pôde para manter o relacionamento. Continuou a procurar para ele uma colocação rentável, na esperança de que rompesse com a família. Ela simplesmente não conseguia largar sua alma gêmea; era doloroso demais; lembrava-se de muitas vidas que haviam passado juntos; era um vínculo que atravessava os séculos. Porém, quando haviam estado juntos antes, sua união tinha sido "mais adequada". Agora, a não ser que de fato o raptasse e levasse consigo para a Inglaterra, não havia a menor esperança.

Ela voltou para a Inglaterra e veio me ver. Sugeri que fizesse uma visualização do tipo "quebra-laços" para libertar o passado. Na minha opinião, se um relacionamento se destina a continuar, encontrará uma forma mais criativa de fazê-lo depois de uma seção desse tipo. Essa quebra não corta um amor incondicional, mas libera expectativas, tanto passadas quanto presentes. Libera a pessoa para ser o que tem de ser na vida presente. Quando ela traçou o círculo no qual deveria trabalhar, claramente estava insegura. Tão logo traçou o círculo dele e lhe pediu que entrasse nele, ela saltou do seu próprio círculo para tomá-lo nos braços. Aos prantos, não foi capaz de soltá-lo. Estava determinada a mantê-lo consigo. Voltou em seguida para o Egito.

Encontrei-me com ela alguns anos depois e lhe perguntei como iam as coisas. "Tive de deixar o Egito", disse ela. "Não consigo esquecê-lo. Ainda o quero. Sei que ele é a minha alma gêmea, mas para ele a família vem em primeiro lugar. Ainda dói."

Numa outra situação, o casal teve de deixar seu país, a Irlanda, para poder ficar junto. Ele vinha de uma família católica praticante e ela de uma família protestante tão belicosa como a dele. Os pais de ambos, bem como os irmãos, eram militantes ativos de organizações paramilitares. Não entraria na cabeça de nenhuma das famílias um rebento seu casado com o odiado "inimigo". O jovem em questão já tinha tido uma briga para libertar-se da tradição de violência da família. Ele simplesmente queria dar continuidade à sua carreira de professor, na esperança, como dizia, de trazer à situação uma certa dose de sanidade e paz, educando a juventude de uma maneira diferente. Ela sentia o mesmo. Conheceram-se numa organização empenhada em alcançar a paz e a reconciliação e, de imediato, se apaixonaram perdidamente. Apesar de toda a oposição das famílias, casaram-se. Logo ficou patente que a família dela representava para ele um risco de vida se ficassem na Irlanda. Eles se mudaram para a Inglaterra e cortaram todo e qualquer contato com as respectivas famílias. Infelizmente, tinham sido obrigados a romper também com os amigos, pelo receio de que algum inadvertidamente contasse às famílias. Eles simplesmente não sabiam em quem confiar naquela confusão de lealdades piedosas e fanática religiosidade.

Quando descobriram o propósito de suas almas, viram que era trazer paz e concórdia para um país em que ambos haviam encarnado reiteradamente. Numa dessas ocasiões é que os problemas tinham começado. Eles se tinham separado, um deles foi morto e eles juraram voltar a ficar juntos. Também tinham estado casados na Irlanda nos tempos da Idade Média, paradoxalmente uma época de muito mais luz nesse país que hoje vive às escuras. Foi um casamento extático em que a vinculação espiritual era profunda. Claramente, porém, nas circunstâncias atuais, eles não poderiam voltar para a Irlanda e dar cumprimento ao propósito anímico. Para estar juntos, tinham nada mais e nada menos que deixar o país e iniciar uma vida nova.

ESTÁ ESCRITO NAS ESTRELAS?

A Astrologia supre os meios para esclarecer a dinâmica dos relacionamentos humanos.

— Pauline Stone[40]

Já vimos como as ligações entre os mapas astrológicos das pessoas podem ser indício de sua semelhança básica e podem dar a essas pessoas a impressão de que já se conhecem. Quando eu disse a Mary, uma astróloga minha amiga, que estava escrevendo um livro sobre almas gêmeas, ela imediatamente me perguntou: "Gostaria de ver meus estudos sobre a minha alma gêmea astrológica?", e me mostrou os mapas (ver página seguinte):

Não é preciso ser astrólogo para combinar os símbolos em torno da parte externa dos mapas (os signos do zodíaco) e constatar que seis dos símbolos internos (os planetas) caem nos mesmos signos. Em ambos os mapas, a Lua e Vênus, dois importantes indicadores da semelhança entre as pessoas, estão, respectivamente, em Áries e Aquário — dois signos altamente independentes. Vênus em Aquário favorece particularmente os relacionamentos não-convencionais e as amizades, em especial se as partes estiverem longe uma da outra. Quando duas pessoas têm Vênus em Aquário, a atração entre elas pode ser magnética — elétrica —, mas decerto não envolverá compromissos de longo prazo. Em seu relacionamento, Mary e Colin viveram perfeitamente os seus mapas:

> Colin e eu nos escolhemos reciprocamente. Assim que nos conhecemos, notamos que havia entre nós uma forte vinculação kármica. Percebemos que nossos interesses e visão das coisas eram

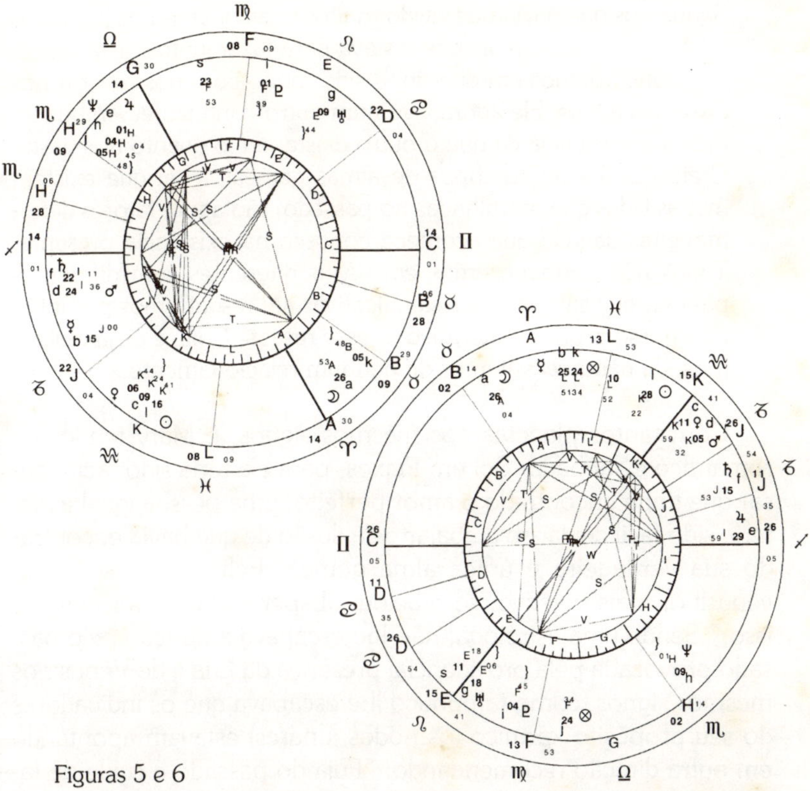

Figuras 5 e 6

muitas vezes os mesmos. Também nos sentíamos atraídos um pelo outro.

Como astróloga, fiz o mapa astrológico dele e constatei que todos os planetas e pontos importantes formavam aspectos fortes com os meus planetas [isto é, tinham com estes uma relação geométrica]. Era algo que eu ainda não tinha visto. Nós nos sentíamos sintonizados um com o outro. Era muito fácil para nós conversar e estar juntos.

Ele queria um relacionamento mas, à medida que começamos a nos compreender, percebemos que aquilo que de fato nos aproximava não era senão uma grande dose de conhecimento mútuo.

Sentíamos que havíamos vivido muitos relacionamentos kármicos e feito tudo. Nada mais nos restava para fazer juntos.

Concordamos em que tinha sido muito bom nos rever e nos dissemos adeus. Ele agora vive num outro continente. Ambos temos a consciência de que o outro existe, e é o quanto nos basta. Creio que há muitos tipos de almas gêmeas e sei que existem muitas vidas que, partilhadas no passado, são agora fatores determinantes daquilo que acontece conosco na existência presente. Todos nós permanecemos em níveis diferentes com diferentes pessoas que são para nós significativas até resgatarmos por inteiro o nosso propósito kármico. E esse resgate Colin e eu já realizamos. Já não necessitamos de nenhum relacionamento.

Com tantos planetas nos mesmos signos, e Mary tendo um romântico e sonhador Sol em Peixes, para ela teria sido fácil pensar que tinha encontrado o amor perfeito, uma pessoa igual a ela; teria sido fácil deixar-se embalar pela ilusão de que havia encontrado sua verdadeira e única alma gêmea. Felizmente, seu lado venusino, mais objetivo, se rebelou: "Espere; vamos ver como é isso." Sendo uma astróloga, não lhe escapava a atração pelo passado provocada pela providencial presença da Lua e de Vênus nos mesmos signos, como tampouco lhe escapava que os indicadores do seu propósito kármico (os nodos lunares) estavam apontando em outra direção recomendando: "Fuja do passado e cuide de fazer o que tem de fazer. Para que seu propósito kármico se cumpra, é preciso tomar rumos muito diferentes. Você e ele não estão destinados a permanecer juntos nesta vida."

Pelo mesmo correio que me trouxe a contribuição de Mary, recebi de Sue Boase uma coletânea de histórias. Entre elas, um episódio sobre almas gêmeas astrológicas no qual ficava explícita a maneira pela qual o movimento dos planetas ajuda a aproximar as pessoas e a empurrá-las para a consecução do seu destino. A movimentação diária dos planetas no céu, denominada trânsito, afeta tanto o nosso mapa natal quanto o nosso cotidiano. Como veremos, cada um de nós vive, em determinada idade, ciclos diferenciados que são o marco inicial de mudanças, e experimenta sutis interações que nos marcam a todos individualmente e tornam único o mapa da nossa natividade.

Belinda casara-se aos vinte e poucos anos de idade, mas, quando lhe sobreveio o "retorno de Saturno" (a volta de Saturno ao lugar que ocupava no céu quando ela nasceu, algo que acontece a todos mais ou menos aos 28 ou 29, sinalizando um período de reavaliação), o divórcio foi inevitável. Em torno dos 35 anos ela teve um relacionamento sério do qual saiu com o coração partido. Deliberou então desistir definitivamente dos homens, o que parecia uma boa idéia, pois Plutão transitava na sua décima segunda casa, em Escorpião (em outras palavras, a parte mais profunda e secreta do seu mapa estava sendo ativada pelo mais influente dos planetas). Com Plutão, como dirá qualquer astrólogo, é "tudo ou nada". As características transformadoras desse planeta podem provocar muito sofrimento, a menos que a pessoa se resolva a "soltar-se" de verdade. Sabedora disso, Belinda fez uma série de cursos intensivos de cura e começou um trabalho de terapeuta e consultoria alternativa — atividades típicas de Plutão.

Contudo, passados alguns anos, com Plutão se aproximando do seu Ascendente (a face que mostramos ao mundo e o momento em que tomamos plena consciência das coisas), ela começou a perceber que suas energias interiores entravam a sofrer grandes alterações, assumindo com freqüência uma forma depressiva, entrecortada por períodos de euforia espiritual. Pressentiu também que seu coração se preparava para abrir-se, especialmente porque Plutão, ao congeminar-se com o seu Ascendente, iria também formar aspectos, em seu mapa, com Vênus e a Lua, isto é, gerando uma relação geométrica ativadora da energia desses planetas). Enquanto isso acontecia, Urano começava a entrar em Aquário, o signo do seu nascimento, de novo formando aspectos com Vênus e a Lua. O Universo prega boas peças através da energia de Urano; porém, quando se acrescenta a isso a grande compulsão e força de Plutão, a coisa muda de figura. (É como o embate de um *quark* com uma partícula de antimatéria. O contato Plutão-Vênus pode ativar a síndrome do "buraco negro emocional", antítese do espírito livre de Urano.) Belinda observava com grande interesse o que se passava em torno dela, agradecida porque ao menos tinha consciência das implicações kármicas das energias astrológicas; porém, não havia o que pudesse prepará-la para o que estava por vir (afinal, Urano é o planeta do imprevisto).

À medida que as energias planetárias se faziam sentir, apossava-se dela uma irresistível necessidade de mudar completamente de vida, de achar um parceiro e formar um lar. Assim foi que, em companhia de um amigo aquariano, fez uma visita de uma semana aos lugares sagrados de sua predileção, onde, numa cerimônia, "deixou para trás a sua solteirice". Ao voltar, sentia-se muito em paz consigo mesma e muito otimista quanto ao futuro.

Dois dias depois, como o mau tempo a impedisse de jogar tênis como planejava, ela, inopinadamente, decidiu fazer uma visita a uma amiga que acabara de mudar-se para a vizinhança. Na hora do chá, as duas tratavam de pôr em dia os mexericos, quando a porta se abriu e entrou Jonathan, um moço que por acaso se achava temporariamente hospedado na casa da amiga. Mal ele se sentou à frente dela, Belinda notou, com surpresa, um fato extraordinário. "Viu" que uma corrente de energia saída do coração dele, e uma outra corrente de energia, proveniente do seu próprio coração, encontraram-se no centro da sala. Essas energias pareceram entrelaçar-se e subir rápido para o teto (um fenômeno tipicamente uraniano). Também o jovem pareceu dar-se conta de que algo incomum estava se passando e logo cuidou de arranjar um pretexto para estar a sós com Belinda, convidando-a a sair com ele para fazer algumas compras para o almoço. Ao apanhar o carro, ela disse, olhando-o nos olhos: "Oi, eu o conheço"; "Obrigado por me reconhecer", respondeu ele. Com isso, deram-se as mãos. Ao fechar a porta do carro, ele emendou: "Quero saber tudo a seu respeito." Aparentemente, ele não poderia ter dito outra coisa, mas a ambos parecia que ele já sabia muito bem. Ao voltar para a casa, carregada de pacotes, Belinda, assustada com a situação, pediu licença para retirar-se. Algumas horas mais tarde o telefone tocou. Certa de que era ele, ela, entre ressabiada e ansiosa, atendeu.

No dia seguinte, eles se encontraram e ficaram sabendo mais um do outro, com o que ela descobriu, horrorizada, que ele era catorze anos mais moço. Todos e quaisquer sentimentos que pudessem estar nascendo no seu íntimo como que esbarraram num muro. Não havia como envolver-se sentimentalmente com alguém tão mais jovem assim. Urano, sem dúvida, fizera uma das suas. Também Jonathan se sentia incomodado com a diferença de idade entre eles; contudo, ambos sabiam que tinham algo a fazer juntos. Durante a semana que se seguiu, eles tentaram longamente compreender a plutônica intensidade da sua necessidade de estar juntos, cada qual mais atônito que o outro. Foi na segunda semana que Jonathan mandou às favas a cautela e sugeriu que ambos fossem morar juntos.

Num arroubo de insensatez, Belinda logo concordou. Ainda hoje ela insiste em que era aquilo o que tinham de fazer, embora todos os seus amigos achassem uma rematada loucura. Jonathan logo partiu para algumas semanas no exterior, deixando para trás uma Belinda apavorada ante o futuro devastador que se prenunciava. A maior parte do tempo ela passou a maquinar pretextos para desistir de tudo.

Com a volta de Jonathan, a situação entre eles tornou-se das mais tensas; contudo, a sorte estava lançada e só lhes restava deixar que o destino seguisse o seu curso. Dentro de um mês, Belinda encontrou a casa perfeita para eles, uma cabana aninhada no sopé de umas montanhas na costa sul — e, ao cabo de onze semanas de contato, que incluíram um Natal e um fim de ano ardentes, juntos eles iniciaram o mais extraordinário relacionamento de suas vidas.

Somente depois de algumas semanas, as coisas já bem mais calmas, foi que Belinda examinou as configurações astrológicas de Jonathan. Enquanto executava seu bailado com a Lua e Vênus dela, Plutão entrava em quadratura com o Vênus dele (uma relação difícil, criadora de grandes desafios e compulsões). Era um relacionamento que não comportava meias medidas. Além do mais, os planetas Plutão, Urano e Mercúrio do mapa da natividade dele congeminavam com a Lua dela — em Virgem, que era o signo solar dele. Havia também muitos outros aspectos a lhes indicar claramente uma experiência extremamente forte, metamórfica.

Sob a influência de Plutão, eles agora acabam de encerrar o período talvez mais dramático e cambiante de suas vidas, conquanto tivessem de se haver com plutônicos desentendimentos em questões de poder, por trás de tudo havia um amor profundo, honesto e sincero que o tempo amadurecerá. Há poucos meses eles perceberam que chegara a hora do "vai ou racha", de modo que decidiram fazer juntos uma sessão de renascimento. A experiência afetou a ambos profundamente, e, em vez de separá-los, fê-los aprofundar ainda mais o seu relacionamento. Ajudou-os a pôr de parte seus habituais desentendimentos em questões de poder, porque cada um deles havia testemunhado os traumas emocionais do outro em toda a sua profundidade.

A esta altura, eles já sabem que não faz sentido tentar controlar ou manipular o seu relacionamento e ambos respeitam o papel que Plutão desempenha em suas vidas. Quanto a serem almas gêmeas? "Bem, é um modo de dizer", afirma Belinda. "Se ele é de fato a minha alma gêmea, não poderia ser mais diferente do que tudo o que jamais imaginei. Nós nos tratamos com casca e tudo; não existem momentos de tédio entre nós. No entanto, eu o amo muito mais do que qualquer outro homem com quem já estive e, com certeza, com ele aprendi muito mais sobre mim mesma do que com qualquer outro. Nós dois investimos neste relacionamento enormes quantidades de tempo e de energia e, embora seja difícil, alcançamos um estágio em que aguardamos com genuína expectativa aquilo que ainda está por vir."

Mais do Que uma Simples Ilusão?

A paixão que se desprendeu da terra para perder-se no céu.

— Robert Browning

Uma das mais extraordinárias histórias sobre almas gêmeas que ouvi veio de alguém que havia combatido na guerra do Vietnã. Ele sustentava que as drogas que tomou então, muitas das quais sem saber, tinham literalmente "explodido o seu cérebro" e que agora ele vivia num nível de consciência diferente. Segundo descobri mais tarde, ele foi diagnosticado como esquizofrênico e esteve algum tempo internado. Todos os profissionais que havia consultado tinham dito que ele sofria de alucinações, que sua experiência era "irreal", uma simples fantasia psicótica. No momento, ele se encontrava na Inglaterra, tentando descobrir o sentido de sua experiência. A história dele tinha estrutura e coerência internas que para mim faziam sentido, pouco importando a opinião dos outros. Havia nela aspectos que eu já tinha ouvido de muitas pessoas e, até mesmo, que eu tinha vivido. Seria tudo uma ilusão, seríamos todos "loucos" ou estaria ele sintonizado com uma experiência universal? Teria ele realmente acesso a um outro nível de consciência e a capacidade de entrever o futuro? (Decerto, grande parte de suas crenças mais estranhas e inusitadas tornaram-se, de lá para cá, idéias aceitas pelo grande público; mas, como não se trata de um componente da sua experiência com a alma gêmea, não as examinaremos aqui.)

Ele fez comigo várias sessões, ao longo das quais sua história foi-se desdobrando gradualmente. Umas das primeiras perguntas que me fez foi se eu acreditava que ele tinha uma alma gêmea e, se assim fosse, se seria possível a alguém ter uma alma gêmea que não habitasse um corpo físico. Respondi-lhe que realmente acreditava em almas gêmeas, mas não necessariamente no sentido convencional. E que, sim, acreditava que qualquer de nós poderia ter uma alma companheira que, embora não encarnada, permaneceria muito próxima de nós.

Ele me contou que tinha tido um rápido relacionamento com sua alma gêmea e que ela logo morrera. A essa altura, ficou por demais penoso e difícil para ele fazer seu relato de forma coerente; ele ficou muito agitado, fato cuja explicação eu só encontraria muito tempo depois. Ele queria uma regressão para ficar sabendo mais acerca do seu contato anterior com ela — do qual tinha tido alguns vislumbres. Pedi-lhe que primeiro me contasse mais coisas a respeito de sua história. Em parte, eu queria me aprofundar no tocante ao seu estado mental antes de estudar a possibilidade de levar a efeito uma regressão (não é coisa que eu faria com alguém em estado psicótico), mas eu também achava que ele tinha de ser ouvido naquela fase. Isso de ouvir de forma receptiva uma história pode ser de ajuda para esclarecer exatamente o que se passa com a pessoa. Não me preocupei com a veracidade daquilo que ele dizia nem com o grau de suas possíveis alucinações. Obviamente, aquela era a realidade dele. Se fosse possível penetrar nela junto com ele, poderíamos ambos compreender.

Com o tempo, veio à tona que a alma gêmea dele começou a aparecer-lhe depois de ter morrido. Primeiro em sonhos, depois, com freqüência cada vez maior, ele a "via" por perto. Mais adiante, ele se achou fora de seu corpo físico e apto a estar com ela. Eles habitavam um mundo que, à primeira vista, era sólido e real, mas era possível deslocar-se nele à vontade e, ademais, era um mundo em que pensamentos e sentimentos eram coisas inteiramente visíveis. Para mim parecia-se com esse reino menos físico para o qual passamos depois da morte e no qual nos podemos aventurar ocasionalmente quando deixamos para trás o corpo físico. Eu própria tinha vivido situações num lugar assim, tinha acompanhado muitas pessoas até lá, lido muitos relatos — antigos e modernos — e tudo me autorizava a aceitar como válida essa experiência.

Ele disse que, desde o começo, tinha tido com ela experiências sexuais que em nada se pareciam com as do mundo físico. Era uma fusão total, uma união no nível anímico. Ainda uma vez, a experiência empírica o comprova. Numerosos são os relatos acerca desse tipo de experiências. Em determinado momento, celebrou-se um casamento anímico. O par jurou fidelidade eterna. Ele se considerava casado. A única diferença em relação aos casamentos comuns era que ele tinha de sair do corpo para encontrar-se com a esposa.

Ela lhe havia comunicado que eles tinham uma missão a cumprir. Era preciso que ajudassem os deste mundo a compreender esses outros níveis de ser, a aceitar que a morte não é o fim da existência. Em breve, muitas pessoas encontrar-se-iam envolvidas em semelhantes casamentos anímicos. Foi quando ele começou a falar a respeito à família e aos amigos — e a receber algumas comunicações não muito convencionais — que ele foi hospitalizado.

Agora ele queria saber mais. Ele, tal como muitos "esquizofrênicos", estava convencido da validade da sua experiência. Embora o teor de muito daquilo que me disse fosse estranho e pudesse ser descrito como paranóide, não constituiu nada que eu já não tivesse ouvido antes de pessoas supostamente sadias do ponto de vista mental. Sugeri-lhe que colocasse tudo num romance, pois o mundo talvez ainda não estivesse preparado para aceitá-lo como um fato. Ele pôs mãos à obra, porém insistindo que ao menos algumas das respostas haveriam de ser encontradas no passado.

Eu o fiz regredir para pesquisar suas ligações primitivas com a "esposa". Em várias vidas ele parecia tê-la conhecido e, logo depois ela tinha morrido, antes que o relacionamento pudesse desenvolver-se. Por fim, ele jurou: "Na próxima vez, teremos um relacionamento, custe o que custar." Pedi-lhe que voltasse imediatamente ao início da ligação entre eles. O que ele falou foi como que alguma coisa extraída de Platão e de outros escritos esotéricos muito anteriores. Um ser não-físico e inteiramente uno vagava beatificamente no cosmos. Partido ao meio, os dois pedaços foram arrojados para extremidades opostas do universo. Durante séculos, estiveram a procurar-se. Quando afinal se reencontraram, era época de grandes calamidades. Mal se viram e uma vez mais se separaram. Foi o início de um ciclo de reencontros e separações, de uniões e perdas, que pareceu prolongar-se por muito tempo. Era como se se tratasse de duas partes de uma mesma alma que se juntavam e entreteciam para, logo depois, se separarem. Ele estava inteiramente convencido de que ela era literalmente sua outra metade. Um dia, terminada a obra que a ambos incumbia realizar, ele deixaria este mundo e eles se fundiriam e se tornariam novamente uma única pessoa.

Sem dúvida, caberiam aqui algumas explicações de cunho psicológico e psicoterápico. Poder-se-ia encarar que ele "perdeu" como representação das suas energias femininas interiores, como a "anima" da qual havia sido apartado. Poder-se-ia também vê-lo como uma exteriorização do tremendo choque que sua psique tinha sofrido no inferno do Vietnã — do extermínio de tudo aquilo que era "feminino": bondade, compaixão, receptividade, sensibilidade, atenção, amor, todas as qualidades que ele tinha recebido da sua alma gêmea durante o breve contato que tiveram antes de ela lhe ser arrancada brutalmente. Poder-se-ia ver o seu "casamento" como uma forma de reintegração da sua parte perdida. Mas, por outro lado, tudo poderia também ser explicado de forma totalmente diferente.

Quando chegamos afinal a falar acerca do lugar em que ele conheceu seu amor desta vida, ele me contou que ela tinha morrido no Vietnã. Eles se haviam conhecido numa cidade perto da base militar dele, e nela haviam passado um curto período juntos. Mais tarde, quando seu pelotão atacava um vilarejo, eles abriram fogo e, de repente, lá estava ela. Ele correra para ela e ela para ele, mas um seu camarada, pensando que ela era uma *vietcong* que queria matá-lo, abateu-a a tiros. As balas literalmente a partiram em dois. Ele ficou em estado de choque, mas na loucura que era então o Vietnã, ninguém pareceu dar-se conta disso. Refugiando-se progressivamente mais nas drogas, ele, transformado em farrapo humano, regressou um dia aos Estados Unidos. Porém, ao mesmo tempo vivia uma vida muito rica em outro plano. Com certeza ele achava seu casamento válido e gratificante. Quem sou eu para dizer o que era fantasia e o que era realidade? Concordo, a respeito, com o Hamlet de Shakespeare:

Há mais coisas entre o céu e a terra, Horácio,
do que supõe a nossa filosofia.

Anos antes, eu havia conhecido uma mulher com uma história semelhante. Ela se tinha "juntado" a Thomas Chatterton, um poeta relativamente obscuro do século XVIII que se envenenou aos dezessete anos de idade. Para os poetas românticos ingleses do século passado, ele representava a síntese dos gênios desprezados. Às vezes, era estudado em universidades, mas até há pouco eram relativamente raros os que tinham ouvido falar nele, antes que a televisão britânica o focalizasse. Todavia, a experiência daquela mulher começou muito antes que isso acontecesse.

Segundo ela, eles tinham atravessado juntos vários séculos. Ele era a sua única e verdadeira alma gêmea, mas, no momento, não estava encarnado. Ele se manifestava através dela desde um outro nível de existência. Contudo, faziam amor no nível físico. Com o tempo, ela chegou a acreditar que ele se manifestara nela também fisicamente. Ela desenvolveu um câncer de mama, convencida de que o caroço era Chatterton fazendo sua aparição. Ela não era mulher que se pudesse ter como esquizofrênica ou presa de alucinações. A não ser por essa crença algo heterodoxa, ela era um símbolo da classe média inglesa suburbana. Infelizmente, perdi contato com ela e não tenho a menor idéia de como terminou essa história. Sei, porém, que ela ansiava por reunir-se com sua alma gêmea, de modo que é de presumir que o tenha acompanhado na morte.

Num outro caso, uma mulher encontrava-se todas as noites com sua alma gêmea, em sonhos para, apaixonadamente, fazerem amor. A magia sexual é uma prática secular a que eles já se haviam dedicado antes. Segundo ela, era um encontro no plano astral. Ambos deixavam o corpo físico e rumavam para esse outro lugar. Na vida cotidiana, ele era casado e ela morava sozinha, mas eles trabalhavam juntos. Jamais falavam sobre esse estranho acontecimento, mas cada qual sabia como o outro se sentia. Ela tinha a convicção de que ele era a sua alma gêmea e que, de alguma forma iriam ficar juntos. Todavia, um dia ele deixou claro que não se separaria da mulher. Ela rompeu a ligação, mas ficou desolada por perder sua alma gêmea.

Muitas almas "desencarnadas" fazem sua aparição durante as regressões. Podem ser antigas almas gêmeas, camaradas de armas, conhecidos ocasionais, crianças que não chegaram a nascer ou, ainda, toda uma gama de outras ligações — mas estão sempre por perto. Elas estão vinculadas à nossa alma. Dependendo do nosso enfoque, a entidade se liga frouxa ou firmemente ao corpo etérico ou espiritual da pessoa que de momento se encontra neste mundo. Alguns vêem essas entidades mais como vampiros psíquicos que sobrevivem através dos encarnados. Outros as vêem como uma forte influência sobre as pessoas ou como guias. É alguma coisa bastante semelhante ao conceito bíblico de possessão, embora as experiências anímicas com almas gêmeas desencarnadas sejam um pouco mais amenas. O que está claro é que a alma desencarnada é atraída e mantida pela pessoa cá na Terra. Para compreender como pode ser assim, é preciso retroceder a vidas passadas e às juras que nelas foram feitas, tais como: "na próxima vez teremos um relacionamento, aconteça o que acontecer" ou, "jamais o deixarei". Pessoas que desejam algo com força suficiente ou não conseguem se livrar de antigas juras podem facilmente se ver envolvidas em relacionamentos desse tipo.

O Espelho do Nosso Ser

•••••••••••••••

Somos o espelho da luz das estrelas, e essa luz nós a refletimos na forma de atração magnética, de caracterizações e desejos.

— *W. B. Yeats*[41]

A alma gêmea é o espelho do nosso ser. Se vivêssemos sozinhos, isolados, chegaríamos um dia a nos conhecer plenamente? Essa parece ser uma tarefa para a nossa alma gêmea: colocar-nos frente à frente com todos os assuntos que requerem a nossa atenção, com todas as lições kármicas e modelos arraigados, com todos esses aspectos não-reconhecidos e não-amados que de longa data buscamos evitar; em suma, proporcionar-nos a oportunidade de amar e trazer-nos o amor pelo qual procuramos. Esse amor talvez nem sempre esteja aparente na vida cotidiana; talvez tenha sido desvirtuado e distorcido, mas está sempre presente no nível anímico, no lugar em que estabelecemos nossa vinculação mais profunda. Se, em nossa busca, impomos condições ao amor, se o limitamos, se o adornamos de "poréns" e de "tem-de-ser", se tentamos cercá-lo de férreas grades protetoras, nesse caso o que recebemos de volta é amor condicionado. Se abordamos o amor com este enfoque: "Se você está certo, então eu devo estar errada", ou "você está fazendo comigo", jamais resolveremos a dualidade da posição "Eu e Você". Se sempre divisamos aquilo que buscamos como estando "fora", numa outra pessoa, não poderemos nunca ser íntegros. Porém, se buscamos irrestritamente o amor, abertos ao que quer que seja, então vamos receber o amor incondicional.

Todos nós temos necessidades e expectativas diferentes em

torno do amor. Voltemos às explicações acerca do surgimento das almas gêmeas. Em Platão, existem duas almas empenhadas em refundir-se na integridade de que um dia desfrutaram. Talvez você seja uma dessas almas. Na hipótese, estará empenhada numa busca desesperada de alguém que será o parceiro ideal que, como ninguém mais, aceita, ama, encarece e compreende. Admita-se, contudo, que você é um desses satélites da Mente Suprema de que falam os hindus, do qual se espera que traga de volta ao seu grupo toda a experiência, a fim de possibilitar que o todo aprenda e cresça. Como poderá então se tornar íntegro sem se refundir na alma superior da qual proveio? Você é capaz de achar completude em outra alma? É para isso que está aqui? É pouco provável. E que dizer daqueles dentre nós que vêm do grupo esotérico ocidental? Temos de nos fundir com cada qual das partes constitutivas do nosso grupo para, só depois, podermos encontrar o amor duradouro? Carecemos de redefinir nosso enfoque dos relacionamentos, de ampliar-lhe o significado, incluindo todas as pessoas com quem convivemos? Devemos, talvez, procurar a completude no nosso eu, na nossa união interior, de modo que, pelo aprendizado, o nosso eu maior possa expandir-se? Essa é a experiência daqueles que crescem pelo contato com suas almas gêmeas.

Sempre alimentei o especial desejo de incluir nesta obra uma experiência relatada pelas duas partes e, de preferência, por alguém com um histórico de psicoterapia e das intuições que ela propicia. O casal que escolhi, Christie e Tyrell, apresentava uma sinastria muito interessante entre seus mapas astrológicos. Eles tinham o contato entre Netuno e o Nodo Sul que amiúde sugere: "Eis afinal minha alma gêmea", e que pode ser tão perfeito, mas tão ilusório — e eu sabia que eles estavam tendo muita dificuldade em dar conta de um relacionamento que se afigurava problemático, muito embora parecesse "perfeito" quando começou. No caso deles, as dificuldades eram ainda maiores porque trabalhavam em países diferentes e tinham de viver diferentes estilos de vida. Todavia, eu sempre soube que havia entre eles um amor profundo. Uma das razões pelas quais lhes pedi que contassem sua história é que pensei que seria muito bom para eles procurar uma visão mais objetiva do relacionamento, examiná-lo "de fora" e indagar: "Como entendo realmente este relacionamento?" — em outras palavras, fazer com que eles olhassem no espelho do seu ser.

Quando, dois anos antes, eu examinara seus mapas astrológicos, pareceu-me que eles de fato eram espelhos um do outro. Havia uma atração sexual muito forte, e também a sensação de que já se conheciam de outras épocas. Não obstante, eles viam a vida e os relacionamentos de formas inteiramente diferentes. A comunicação era muito importante para Tyrell; para ele, a intimidade implicava a partilha de pensamentos e sentimentos muito mais do que ter contato sexual. Para Christie, a mais telúrica, as experiências sexuais partilhadas conduziam a uma intimidade emocional maior. Cada qual tinha os indicadores astrológicos dos problemas que o outro estava encontrando. Assim sendo, cada qual tinha imensas dificuldades em matéria de intimidade e desejava fugir de tudo aquilo. Ambos se tinham por impossíveis de serem amados e alimentavam a expectativa de que o amor, se amor lhes fosse dado ter, haveria de ser frio e distante. Além do mais, Christie encarnava o tipo da "sofredora por amor". Tyrell, por sua vez, trazia em si a expectativa de que jamais o iriam escutar: sofria de uma deficiência profunda de comunicação. Eles tinham em comum o dilema liberdade-compromisso, mas, de modo especial: o planeta Vênus de Tyrell ansiava por liberdade. Christie atendeu a essa parte do relacionamento porque ela se dividia entre dois países em seu trabalho, deixando Tyrell sozinho durante boa parte do tempo. Com isso, ele se sentia abandonado e não preso, como normalmente aconteceria. Ela, de seu lado, sentia-se presa, quando tinha a necessidade de ser livre.

Seu Descendente (um dos indicadores do relacionamento) estava no mesmo signo que o Sol dele — o rígido Capricórnio. Ele representava aquilo que ela esperava dos relacionamentos; e aquilo que se vê é aquilo que se espera, não aquilo que realmente é. A Lua e Vênus dele estavam no signo que constituía a maior parte da sétima casa dela — a casa dos relacionamentos. Ele tinha as qualidades que ela, conscientemente ou não, procurava num homem. Mas era uma como que imagem no espelho e, tal como com a maioria das pessoas na posição dele, era difícil saber se ela o reconheceria como esse espelho ou nele se enxergaria. Por outro lado, devido às configurações astrológicas, ele tinha mais oportunidades de discernir: "Este sou eu, esta é você." Mas não era fácil. Qualquer coisa que ativasse o Vênus dela (o planeta do amor) fazia disparar em Christie o mecanismo do "não posso ser amada". Qualquer coisa que ativasse o Vênus dele espicaçava-lhe a "ânsia de liberdade". Ele via nela alguém que lhe roubava a liberdade, ao passo que, para ela, ele era frio e indiferente. A colocação dos nodos sugeria que ela tentava evitar afundar-se em relacionamentos para encontrar sua independência, enquanto ele buscava uma fusão, união com uma parceria — mas cada qual via isso no outro.

Na primeira mensagem que recebi de Christie, as entrelinhas traziam o velho conto de que "o amor não existe". A segunda chegou-me truncada (cortada ao meio pelo *fax*), o que me pareceu interessante e muito simbólico! Na terceira, faltava a última página. Por fim, chegou-me a história toda, na qual se via que eles se amavam. Porém, como ela disse mais tarde: "Isso me manteve enredada numa batalha que nada tinha a ver com o relacionamento, impedindo que eu me conscientizasse do amor que havia. Contudo, como me dou conta de que existe uma projeção de frieza e falta de amor, como posso ter certeza de que o amor que vejo não passa também de uma simples projeção?" Definitivamente, era um dilema e tanto.

OS PERIGOS DE UM BELO FORASTEIRO FRANCÊS

A lembrança ou sensação de um amor perdido tem-me perseguido desde o meu primeiro namoro, aos quinze anos de idade, do qual nasceu minha primeira filha. Eu costumava chorar sem saber por que o fazia. Escrever esta história me faz o coração doer e também disparar de ansiedade.

Esta história representa uma parte da minha alma... um pouco da torrente de consciência que inibe minha capacidade de provar, em caráter duradouro, a afeição e amor humanos.

Cada homem com quem estive nesta vida refletiu um agridoce sofrimento, junto com o amor profundo que eu sempre quis ter com um parceiro. Sempre tive por perto um homem com quem partilhar a vida e, com uma única exceção, guardo lembranças alegres de todos eles. Em algum lugar dentro de mim sempre houve espaço para cautela... uma sensação de que a pessoa não era o homem certo para mim. Essa transparente camada de indecisão sempre me afetou a auto-estima e a paz de espírito.

Tudo isso mudou há onze anos, quando me dei conta de que esse sentimento de cautela prejudicava a qualidade do relacionamento com meus parceiros. Concedi a mim mesma o privilégio de amar profundamente um homem com quem tenho hoje uma ligação espiritual muito forte, embora nosso contato físico tenha terminado em 1990. Eu e ele costumávamos falar sobre as coisas da alma, coisas aquarianas. Ele me desafiou a comunicar o amor a partir da dor de coração, e mutuamente nos ensinamos copiosamente acerca da nossa condição humana. Disseram-me certa vez que, se eu mantivesse o relacionamento até que o espírito se encarregasse de lhe pôr um fim, o diamante que havia dentro de mim estaria lapidado.

Estive no Egito em abril de 1990 e, na primeira noite, veio-me numa visão um espírito masculino que me levou para uma alcova magnífica. Nós dois trajávamos roupas brancas longas e fluidas. Fiquei felicíssima só de olhar para ele e me lembro de uma agradável sensação de calor interior que me encheu de desejo. Nesse momento, minha mãe abriu uma porta e entrou no quarto. Recuei, tentando esconder a afeição que sentia pelo homem, mas minha mãe sorriu e deu permissão para que eu ficasse com ele. Depois que ela se foi, ele me ergueu e colocou num divã. Pensei que íamos fazer amor, mas ele, em vez disso, disse-me que não era hora, beijou-me carinhosamente e desapareceu.

Estive no Egito durante um mês e mal conseguia dormir, tal era a alegria que sentia por tê-lo reencontrado. Durante uma cerimônia posterior em Sakkara, senti que iria, na volta daquela viagem, vender a casa que fazia dezoito anos era minha, que romperia um relacionamento de seis anos por ocasião do Natal (naquela época, um relacionamento de vento em popa) e que teria de deixar de mimar minha filha. Tudo isso aconteceu e eu mudei os rumos da minha vida. Decidi-me a não sair com ninguém, certa de que, conhecendo o homem certo, eu o reconheceria. Mergulhei no trabalho e comecei a escrever, em 1991.

Em dezembro de 1993, sonhei que o homem que havia conhecido no Egito iria entrar na minha vida. De hábito, eu usava um anel no dedo anular da mão esquerda, para afastar possíveis pretendentes, mas no sonho tirei o anel. Na manhã seguinte, tratei de me livrar fisicamente dele. Sentia a mesma felicidade e leveza que provara no Egito. Os amigos começaram a indagar se eu havia conhecido alguém e me apaixonado. Eu apenas sorria ante a perspectiva.

Passaram-se alguns meses e no começo de fevereiro de 1994 um paranormal advertiu-me de que eu conheceria um homem de quem iria tentar fugir, mas não deveria fazê-lo — porque seria um relacionamento muito importante. Eu disse que sabia que meu parceiro estava a caminho e deixei que as coisas corressem. Na manhã seguinte, uma preguiçosa segunda-feira, conheci Tyrell, um homem por quem me senti desde logo fortemente atraída. Ele me telefonou à noite e, na terça-feira, pelas onze horas da manhã, tomamos chá juntos. Logo eu percebi que havia entre nós uma parede maciça que dificultava nossa comunicação.

Na quarta-feira, recebi uma carta de duas páginas na qual ele se desculpava por "não estar interessado". "Você é leonina, e eu já tive essa amarga experiência." Respondi-lhe também por carta naquele mesmo dia. Na quinta-feira telefonei ao seu escritório para dizer-lhe que respeitava a sua opinião; contudo, eu achava que poderia ser bom se nos conhecêssemos melhor. Embora de uma forma bem-educada, ele foi peremptório ao reafirmar que não estava interessado e eu desliguei o telefone com lágrimas nos olhos. Muito estranho, dado o pouco tempo que tínhamos estado juntos! Ademais, eu não queria que nada me estorvasse no meu trabalho. Fui passar o fim de semana no campo e, perambulando por lá, indagava-me sobre o sentido daquele breve encontro e dos fortes sentimentos que se agitavam dentro de mim.

Ele me telefonou na segunda-feira à tarde, convidando-me a sair para jantar.

Disse-lhe que sim. Nós nos sentimos à vontade juntos e nos demos bem. Na noite seguinte, ele me telefonou, perguntando se eu acreditava em monogamia. Respondi que acreditava em ser sincera comigo mesma, o que incluía lealdade na parceria. Passamos juntos esse fim de semana. Rimos bastante, ficamos horas a nos acariciar, barriga contra barriga. Sete meses depois, realizamos uma cerimônia de casamento íntima, sem o testemunho das famílias e dos conhecidos — tal como ele queria, e o nosso pesadelo teve início. A comunicação entre nós entrou em colapso e eu sentia que ele queria que eu me fosse.

A vida com Tyrell era caótica e exaustiva. Psicoterapeuta, ele passava o tempo explicando como eu estava me "projetando nele". Como não sou terapeuta, fiquei chocada ao descobrir que era uma paciente e não amante e esposa. Ele gosta de palavras e presentes para expressar o amor e eu prefiro o contato físico para expressar meus sentimentos mais profundos. Obviamente, nenhum de nós estava sendo atendido em suas necessidades. Eu disse que iria embora, o que o deixou inseguro. Que desperdício de energia!

Todos os dias eu saía cedo para o trabalho e, quando voltava, o encontrava inteiramente alheado de tudo, sem a aliança no dedo, e sempre a me dizer o quanto eu o tinha magoado. Eu sentia vontade de ir embora e tocar a vida adiante. Ao contrário, fiquei com ele para ver o que poderia aprender. Fui acometida por reiteradas infecções na bexiga e não conseguia chegar ao orgasmo. Alguns meses depois, consultei-me com um médico homeopata chinês que me receitou algumas essências, prometendo que logo eu estaria em condições de ter orgasmos. Ele também detectou certa dose de depressão. Tomei os remédios e consegui afinal descontrair-me e alcançar o orgasmo... Que alívio! Alguns meses depois, começaram meus sintomas vesicais a desaparecer também.

Tyrell havia tido um relacionamento com sua alma gêmea, sua esposa durante doze anos, e tinha-se separado dela anos antes de nos conhecermos. Depois, repensando seu conceito de alma gêmea, ele chegou à conclusão de que sua própria irmã carnal era aquilo que mais se aproximava de tal coisa. Não me surpreendi com isso, porque eles eram muito unidos. Disse-lhe que achava que o nosso cão Max era a minha alma gêmea! Eu me perguntava se um de nós dois estava, ainda que remotamente, disponível para o jogo do amor.

Lembrei-me com clareza de uma vida passada em que meu parceiro era um negociante francês e eu uma índia norte-americana. Comecei a chamar Tyrell de Pierre, coisa de que ele não gostava, por ser inglês, de modo que parei. Sempre achei que uma espécie de feitiço nos apartava. Ele repeliu minhas recordações, porque nada lhe diziam, e acusou-me de estar fazendo projeções.

Energias estranhas continuaram a existir entre nós, e Tyrell mencionou seus problemas a um terapeuta que lhe recomendou um "mágico" que cuidaria das minhas "projeções doentias". Quando afinal fomos vê-lo, suas primeiras palavras foram: "Não existe amor aqui." Depois, passou a descrever aquela vida da qual eu me recordava e confirmou que havia um feitiço para nos manter separados para sempre. Tremi e chorei, de tão perturbada que fiquei. Pierre me havia pedido que eu deixasse a minha gente e fosse embora com ele. Eu o amava e concordei. Os meus se recusaram a deixar-me ir. Refleti naquilo que me disseram e uma noite saí disfarçadamente para dizer-lhe que não iria. Quando o encontrei, ele estava fazendo sexo com outra mulher. Fiquei consternada. Em poucos segundos, uma flecha envenenada varou-lhe o coração e ele caiu morto aos meus pés. Uma segunda flecha teria me tirado a vida. Todavia, o que me restou foi a visão do homem que eu amava traindo-me de uma forma que eu jamais pudera imaginar. Não era assim que se fazia entre a minha gente. O coração partido, voltei para o meu povo, casei com o homem a quem estava prometida antes do aparecimento do francês e tive muitos filhos.

Durante a sessão, lembro-me de ter ficado de olho em Tyrell, que não parava de dizer como que para me expor: "Olha, ela está projetando! Faz isso o tempo todo! Ela é o problema!" A recordação nada tinha de reciprocidade e meu marido não denotava nenhuma compaixão diante da dor que eu estava sentindo — nada havia para ser lembrado em conjunto pelos dois.

O mago parou a sessão, chamou a atenção para as palavras do meu marido e me avisou que continuar aquele relacionamento poderia ser perigoso para a minha saúde espiritual. Lembrei-me de que esse terapeuta me havia sido imposto por Tyrell (meu dilema vítima/autoridade) por acreditar que eu estava projetando algo que nada tinha a ver com ele. No que lhe dizia respeito, tratava-se de identificar a "sombra", de modo que pudéssemos descobrir o que se passava com as energias. Coincidentemente, Tyrell voltou depois ao mago e desmanchou o feitiço — por via das dúvidas —, mas ele não se lembra do fato e continua a achar que estou projetando coisas que nada têm a ver com ele. O mago me alertou dizendo-me que, uma vez quebrado o feitiço, talvez não restasse nenhum vínculo entre nós. Que alívio, depois de tanto sofrimento.

Duas semanas depois, fomos visitar um médico europeu especializado em células do sangue, que diagnostica aquilo que as células estão tramando. Depois de conhecer meu marido, o médico disse que ele não confiava em mim e que, não havendo confiança, não podia haver amor. Era a confirmação do que dissera o mago. Saí do consultório triste e decidida a esclarecer o assunto. Para mim, isso significava responsabilizar-me pela identificação, à luz do dia, do vazio que ia no meu coração. Foi um ano em que ficou muito difícil para mim integrar as conseqüências da minha paixão pelo francês. O feitiço se destinava a dissipar as energias e a nos manter separados para sempre.

Isso foi há um ano e, desde então, aprendi muito. Sinto-me grata pela confirmação do mago. Grata pela cura e libertação profundas, que fazem com que eu sinta a minha ligação com as pessoas muito mais íntima.

Viajei para o Iucatã, em fevereiro último, sozinha, muito segura de que já não existia, "em algum lugar", um homem para mim. Quedei-me comigo mesma e com minhas doces recordações, intactas, até que aquele homem (o francês) cruzou o meu caminho, faz tanto tempo.

A maior dádiva deste casamento é que recuperei o coração que havia entregue ao francês, as energias do feitiço se dissiparam e me foi dada a oportunidade de recomeçar tudo de novo. Pude também lamentar o sentimento de perda que despertava em mim o fato de haver dado o meu coração, num outro tempo, a um forasteiro francês. Conscientizei-me da vacuidade que é viver sem ser bem-vinda, do quanto é negro perder o amor e a aceitação da comunidade por causa de um estranho.

Segundo um astrólogo com quem estive há pouco, nossos mapas são tais que somos duas pessoas diametralmente opostas — o que nos permite "concordar em discordar" e lutar para nos encontrar a meio caminho em nossos muitos desentendimentos. Foi uma informação que nos deixou imensamente liberados.

Tyrell e eu não rimos juntos. Não dormimos bem um com o outro. Mal nos tocamos. Uma vez mais, somos dois estranhos. É um reflexo da falência da comunicação entre nós. Ambos estamos a nos perscrutar à procura de indicações que nos permitam continuar a aprender um com o outro. Porém, viver sem a ternura e a afeição do amor que eu me lembro ter tido de um grupo de pessoas é alguma coisa que me atormenta. Sofro porque me lembro. Esta é a jornada da minha alma e estarei sempre atenta aos meus desejos.

Tyrell foi uma grande lição para o meu coração, uma lição que continuo aprendendo. Eu o amo, sim, e, de alguma forma, desde sempre o amei.

Torna-se fácil ver como é diferente a visão de Christie a respeito da vida ao vislumbrar alguns dos problemas que teve com Tyrell quando se tratou de penetrar na realidade dele, se lermos o relato do mesmo relacionamento feito por ele:

PERSEU SE DEFRONTA COM A MEDUSA: A HISTÓRIA DE TYRELL

Houve um tempo em que fui casado com alguém que eu achava que era a minha alma gêmea. Tínhamos muito em comum e um conhecimento recíproco intuitivo. Ao fim de doze anos, o casamento acabou, fazendo com que eu me pusesse a examinar uma porção de coisas, entre as quais o que era uma alma gêmea. Minha conclusão foi a de que isso não existe: se somos todos provenientes de um mesmo ponto original, então estamos todos igualmente ligados uns aos outros e somos, por isso, igualmente capazes de amar e ser amados por quem quer que seja. É uma simples questão de escolha daquele com quem queremos estar. Arquivei o conceito de alma gêmea sob o título "idéias românticas", até que o contrário ficasse provado.

Nos anos que se seguiram, eu e minha irmã Sara passamos mais tempo juntos do que nunca. Compartilhamos as alegrias e as dores que tivemos ao iniciar e terminar relacionamentos, com o que constatamos que estávamos sempre às voltas com desafios da mesma natureza. Fazíamos as mesmas descobertas, tínhamos pensamentos e relacionamentos semelhantes. Constatamos também que éramos capazes de nos ajudar mutuamente numa medida que superava de muito qualquer relacionamento que acaso tivéssemos com outras pessoas. O que acontecia conosco era algo como que próprio de gêmeos empenhados em trazer de volta o que haviam aprendido para um determinado ponto comum a ambos. Havia um sentimento de que estávamos trabalhando, ao longo de experiências paralelas, para um mesmo objetivo. Mesmo agora, atônitos em face dos nossos novos relacionamentos e sem saber qual há de ser a coisa certa, estamos ambos à espera de poder gritar "Eureka!" ao mesmo tempo.

Uma noite, nos entretivemos com a pergunta "será que sou uma espécie de alma gêmea para você?" No dia seguinte, Sara encontrou uns escritos que havia rabiscado alguns anos antes, num jogo em que se gastam muitas horas em escrever interminavelmente e com o propósito único de fornecer ao inconsciente elementos de criação. Até esse dia, Sara jamais se tinha dado ao trabalho de ler o que havia escrito. Entre outras que ela minimamente não recordava haver escrito estava esta frase: "Seu irmão é a sua alma gêmea." Nisso estava envolvida a reconfortante idéia de que pode haver no mundo uma relação especial que ajuda a enfrentar o sentimento de solidão existencial, mas não a crença de que seja assim.

Minhas primeiras palavras ao conhecer Christie foram: "Eu conheço você!", o que não deixava de ser verdade. Senti-me desde logo atraído por ela, mas algo dentro de mim dizia "Não se meta com ela!" Havia nela alguma coisa desafiadora demais. Tendo sofrido na cova de uma leonina um ano antes, eu não estava disposto a me deixar dominar pelo aspecto "mansinho" daquela outra gata e, de início, resisti, mas foi algo inteiramente diferente de tudo quanto me havia acontecido antes: eu via Christie como uma mulher, não como uma menina.

As diferenças entre nós eram muitas. Eu era calado, reflexivo e algo ensimesmado (Sol em Capricórnio e Lua em Aquário). Christie era loquaz, expressiva e muito sociável (Sol e Lua em Leão). Éramos de países e culturas diferentes. E, embora eu acreditasse que as diferenças são importantes para tornar um relacionamento "ativo" e favorável ao crescimento, no caso dela parecia que havia coisas demais com que lidar. Eu não apenas via a beleza daquilo que ela era, mas via também a sombra que ela não mostrava. Em relacionamentos anteriores, eu tinha chegado a pensar que fazia parte do processo trazer para fora esse elemento, mas sabia que com Christie não seria fácil. Nessa época, eu não tinha idéia do quanto era equivocada essa crença!

Porém Christie, maneirosamente, propôs que nos conhecêssemos melhor — e acabei concordando. Sete meses depois, estávamos casados. Esses sete meses foram um período intenso e muito romântico, que em boa parte passamos longe um do outro, em nossos respectivos países e nos comunicando através de telefonemas e extensas cartas. Nossa vinculação tanto tinha de completa quanto de surpreendente. Mas nenhum de nós achava que voltaria a se casar.

Escolhemos a data e a hora da cerimônia de acordo com a astrologia, a fim de nos posicionarmos no relacionamento da melhor forma possível. Não estou certo se, sabendo o que sabemos hoje, teríamos feito a mesma escolha...

O conflito começou imediatamente — ficamos ambos chocados. De minha parte, eu não podia acreditar que aquela era a pessoa por quem eu me apaixonara. Se ela, de início, parecia ser a mulher com quem eu, se fosse mulher, gostaria de estar, muito rápido ela se modificou inteiramente. Na ocasião eu estava estudando psicoterapia, mas meu senso de objetividade sucumbira ao assalto dos sentimentos.

Eu tinha plena consciência dos vários estágios do relacionamento e não esperava que a fase romântica durasse para sempre, mas a força dos acontecimentos me esmagava. Tudo quanto pude fazer foi agarrar-me à crença de que deveria haver uma razão.

A incapacidade de comunicação era o fator mais importante. Para mim, num relacionamento, a comunicação sempre foi prioritária, sempre encabeçou o rol das "necessidades absolutas". De repente, vi-me incapaz de impressionar Christie com minhas idéias e sentimentos. Era como se eu não existisse. Todos os meus problemas por não ser visto nem ouvido vieram à tona. A frustração aumentou. Ela teve as mesmas reações. Eu me sentia atropelado, manipulado, incompreendido, mal-interpretado, maltratado e impotente no relacionamento. Cheguei ao ponto de acreditar realmente que havia algum grave erro na minha visão de Christie... e do mundo, que me punha assim tão confuso. Minha realidade estava sendo posta à prova (como reflexo do meu signo lunar, Aquário, e de muitas outras coisas).

A consciência de que eu amava aquela pessoa esteve sempre presente. Incoerente era a sensação de estar num relacionamento, porém sozinho.

Lentamente, comecei a aceitar o fato de que estava "fora de controle". Tudo quanto eu via que Christie estava a fazer comigo, eu já tinha feito em relacionamentos anteriores. Tudo o que eu havia sentido de negativo em mim mesmo, eu sentia agora em dobro. Lá estava o melhor dos espelhos em que me poderia mirar. Era o "karma instantâneo". Se de fato Christie estava me fazendo algo era um assunto que perdia seu significado. O importante era a forma como eu o encarava. Será que eu realmente queria me sentir magoado, rejeitado, zangado? Ou poderia assumir uma postura mais adulta de quem aceita as coisas? Será que eu queria me dar ao trabalho de me preocupar?

Um dia, estando necessitado de orientação, apanhei ao acaso um livro da prateleira. De forma igualmente aleatória, abri numa página. Era o mito de Perseu. Num repente de virilidade, ele aceita o repto real para ir cortar a cabeça da Medusa. Qualquer homem que se aventurasse a olhar de frente o rosto medonho e emoldurado de víboras da Medusa ficaria petrificado. A Medusa é a própria imagem do "negativo feminino" — do seu aspecto mais sombrio. Perseu levou consigo um escudo polido — não para se proteger na forma convencional, mas para usá-lo como espelho, de modo que ele não olharia diretamente para a Medusa, senão para a sua figura refletida. Ele consegue decapitá-la e da cabeça dela sai voando Pégaso, simbolizando a criatividade e a espiritualidade femininas. Em seguida Perseu vai salvar Andrômeda da morte (mais uma metáfora da libertação da "anima", o aspecto feminino). Tudo uma síntese perfeita do que estava acontecendo. Em relacionamentos passados, eu teria desafiado a Medusa e o meu componente masculino teria ficado diante dela. Eu teria apelado para todos os meios ao alcance do meu lado feminino para cativá-la, porém sem resultado, é obvio. Essa parceria seria para mim uma fonte de reiteradas decepções e eu não me sentiria viril e forte. É exatamente o que me havia acontecido em criança, no relacionamento com meus pais.

Com Christie, tudo parecia exagerado. Eu amiúde lhe dizia que estava chocado, horrorizado e estarrecido diante das coisas que ela fazia ou dizia, e não é do meu feitio usar levianamente essas expressões. Todo o meu ser passava por uma experiência de absoluto horror. Eu continuava tentando lidar com a escuridão feminina, encarando-a e ficando paralisado. Quando Perseu fez de seu escudo um espelho, estava encarando a sua própria escuridão feminina e não a de outrem. Mas, se a Medusa não existisse, ele não teria por que olhar no espelho.

A espada de que Perseu se serviu para golpear a Medusa lhe fora dada por Hermes, o desbravador de fronteiras, que, ao que se diz, está relacionado com a passagem do consciente para o inconsciente e vice-versa. Era claro que o desafio consistia em enfrentar e aceitar meus próprios aspectos de escuridão feminina para liberar os aspectos positivos. Era de presumir, então, que a Medusa tinha morrido de causas naturais!

Sinto que é nisso que estou agora: cuidando de sufocar o horror que me inspira a Medusa, "consentindo" que o feminino aflore em todas as suas formas e aprendendo como usar o meu lado masculino de modo que tudo isso me possa acontecer na vida. Ao mesmo tempo, meu relacionamento com Christie fica facilitado, à medida que me vou habituando a aceitá-la.

Desde que me entendo por gente, defino o amor como aceitação completa e incondicional. Quando reajo ao meu parceiro, não estou aceitando, e o único caminho que nos leva a aceitar alguma coisa nos outros é primeiro encontrá-la em nós mesmos e então aceitá-la.

Quem quer que nos ajude na estrada da auto-investigação e da auto-aceitação tem de ser um mensageiro de Deus. Esse mensageiro, todavia, só pode ser entendido como alguém de quem se deve guardar a maior distância possível, sob pena de se ser destruído, razão pela qual o termo alma gêmea não deve ser aplicado a esse tipo de relacionamento. Nós gostamos de conforto, não de confronto!

Acaso eu preferiria um relacionamento caloroso, confortável e sustentável? Sim, sem dúvida sim, mas é um pouco como a montanha que se tem de escalar apenas porque ela está ali: eu espero que ao menos o panorama visto do alto seja bonito.

Se a minha história vai terminar favoravelmente como a de Perseu, resta por constatar. Por sua própria natureza, a mitologia descreve de preferência o ideal e não a norma, e eu talvez não seja nenhum "herói".

Continuo a não acreditar em almas gêmeas, mas creio firmemente que a dádiva que Christie me fez, obrigando-me a olhar fundo para dentro de mim mesmo, é tão valiosa como aquela da versão mais aceita, da "mutualidade". E, quem sabe, talvez um dia tenhamos isso também — se conseguirmos ficar juntos...

Não obstante a evidência de suas diferenças, trata-se de duas pessoas que parece que estão muito bem juntas. Apesar das diferenças culturais, elas são parecidas sob muitos aspectos que bem poderiam ser gêmeas. Quando minha filha conheceu Tyrell, ela comentou: "Eu sabia que ele tinha de ser o marido de Christie. Ele não poderia ficar com outra pessoa. Eles são tão parecidos!" Agora que Christie tomou de volta o coração que aquele belo forasteiro francês lhe roubara, talvez ela possa consumar seu casamento interior com o "egípcio" que está à sua espera. Uma vez que Tyrell encarou seu lado escuro feminino, o relacionamento inevitavelmente irá mudar — oxalá que seja para melhor.

Deste o Teu Coração?

Que restou da alma, pergunta, quando os beijos tiveram de cessar?

— Robert Browning

Desde o começo, eu te dei o meu coração...
Dei-te o meu coração, mas querias a minha alma...
Com um beijo roubado me prendeste o coração e a alma...

Como mostram este versos do cancioneiro popular, vivemos numa cultura em que amar é dar o coração... e a alma, entregando uma parte de si mesma à guarda de outra pessoa. Na adolescência, e também mais tarde na vida, costumamos dar inadvertidamente o nosso coração e, quando nos separamos, esquecemos de tomá-lo de volta. Não apenas no século XX as coisas são vistas dessa maneira. Shakespeare fala em encontrar-se com aquela a quem confiou o coração. Velhos papiros egípcios falam no "senhor do meu coração". Coração e amor sempre foram equiparados. Fala-se em amantes com o coração partido; fala-se em entregar o coração em confiança. Quantas vezes, quando o amante se vai, ou somos nós que nos vamos, pensamos em dizer: "Perdão, posso ter de volta o meu coração antes de nos separarmos? E, a propósito, eu declaro ambos liberados das juras de amor eterno que fizemos..."

Se, como é obvio, essa tendência a dar o coração existiu também em outras vidas, quantas partes de nós teremos deixado para trás? E quem está agora com elas? Os exercícios para reaver o coração não raro ocasionam surpresas. Quando mudamos nossos papéis e nos relacionamos de diferentes maneiras, esses guardiões do nosso coração podem tornar-se nossos amigos, nossos inimigos, nossos pais, até mesmo nossos filhos. Não admira que as fronteiras das almas gêmeas sejam difíceis de distinguir. Para ter a liberdade de reencontrar o verdadeiro amor, talvez seja necessário reaver esses fragmentos do coração, retrocedendo ao passado para os reclamar.

O quanto isso pode ser complexo, quão numerosos podem ser os níveis envolvidos, a experiência de Anita o demonstra:

> Há algum tempo, eu me esforçava por ficar livre do controle de um homem muito poderoso que dirigia a empresa para a qual eu trabalhava. Eu o tinha tido por amigo e, inicialmente, senti-me muito atraída por ele. Na verdade, durante alguns anos pensei que estivesse apaixonada por ele. Eu abrigava em segredo a idéia romântica de que ele viria a ser meu amante, talvez mesmo meu marido.
>
> Trabalhando vidas passadas, logo fiquei sabendo que essa atração não era coisa desta vida, mas uma forma residual de uma vida anterior em que tínhamos sido amantes, após o que ele me havia rejeitado. Eu tinha permanecido solteira e tido uma morte traumática. Naquela vida, ele não me havia querido mais como amante, mas sempre mostrara muito ciúme diante de qualquer ligação que eu porventura pudesse ter com outros homens e, na sua raiva, espancara-me muitas vezes. Na minha vida presente, desde que o conheci, sempre me foi impossível iniciar um relacionamento. Conheci homens pelos quais senti atração, mas nada chegou a tomar corpo. Sinto agora que, naquela outra vida, ele tinha por assim dizer recoberto minhas emoções com um véu que me impedia de ver outros homens, e que isso foi carreado para o contato que hoje tenho com ele.
>
> Por fim, conscientizei-me de que tinha de reunir coragem suficiente para contar a ele sobre a vida passada, para extravasar o que então sentia por ele e para esclarecer a mim mesma. Embora com muito medo, consegui contar-lhe. Depois de mais ou menos uma semana o que eu sentia por ele começou a perder a intensidade, e percebi que estava sendo liberada para arranjar um parceiro.
>
> Todavia, constatei que perdurava um bloqueio. Tentei por todas as formas removê-lo, mas sem êxito. Então Judy sugeriu-me que procurasse "tomar de volta o meu coração". Uma amiga me ajudou nessa meditação. Eu vi o homem em seus dois aspectos,

passado e presente. Ele carregava o meu coração numa caixa. Perguntei-lhe por que ele queria ficar com ele e a resposta foi: "Pelo poder." Pedi ajuda a uma força maior e ele acabou por me entregar o coração, em seguida ao que começou a encolher até que desapareceu. Guardando comigo o coração, disse-lhe que o amava. E ele me disse: "Que seja feliz. Deus a abençoe." Antes de sair da meditação, perguntei se havia mais alguma coisa a fazer. O homem retrucou com irônica irritação: "Caia fora! Você já fez tudo!" Senti-me maravilhosamente livre e desembaraçada do problema.

Ainda assim, os relacionamentos continuavam bloqueados para mim. Alguns meses depois fiz outra regressão a essa vida passada. Uma vez mais encontrei-me a conversar com o homem em questão. Foi então que o terapeuta indagou: "O que é que ele tem que pertence a você?" e mandou-me revistar os bolsos do sujeito. Ao fazê-lo, encontrei um anel. Apanhei-o e dei-lhe outro em troca. Percebi então o que tinha acontecido. Tínhamos trocado anéis para ficar juntos para sempre. Vi a cena tal como no dia em que aconteceu, lá pelo século XVIII. Eu era muito jovem e estávamos juntos num jardim, namoriscando, mas eu lhe disse gravemente: "Dou-lhe o meu coração para sempre." E ele me disse: "Ahn, mas quero a sua alma!" Vejo-me, agora com horror, a dizer-lhe: "Dou-lhe a minha alma." Então trocamos os anéis. Para mim era tudo uma brincadeira, uma forma de expressar amor, mas para ele a coisa era de uma seriedade mortal; ele queria um controle total sobre mim. Inocentemente, atendi-o. Reconstituí agora a cena e me vi a dizer-lhe: "Dou-lhe o meu coração, desde que não vá nisso nenhum inconveniente." Ele perguntou: "Vai me dar também a sua alma?" Respondi: "Não! Jamais lhe darei minha alma" — e o fitei com firmeza cruzando os braços. Ele meneou a cabeça, como que reconhecendo a minha força. Parecia que ele tinha encontrado um adversário à altura.

Eu quis contar esta história porque fiquei pasmada com o número de níveis que pode haver por liberar. Se você pensa ter resolvido alguma questão, mas alguma área da sua vida continua problemática, é melhor que olhe de novo. Também foi interessante que essa dificuldade nos relacionamentos somente surgiu a partir do instante em que reencontrei esse homem na minha vida atual. Foi como se o véu tivesse voltado, impedindo-me de ver qualquer outro homem. Todavia, quando afastei de mim a idéia de vê-lo como um amante em potencial, fui capaz de sentir por ele um amor incondicional. Era muito diferente o que eu sentia quando ele ainda me tinha como prisioneira. Agora sei que recuperei tanto o meu coração como a minha alma.

OS FALSOS GURUS

Brincar com almas é uma coisa perigosa;
E salvar a nossa, uma tarefa árdua.

— Elizabeth Barrett Browning

Um caso particularmente insidioso de "doação do coração" ocorre na chamada "adoração do guru". O problema decorre de que personalidades do tipo guru, mestre ou mentor, conscientemente ou não, valem-se da sua força espiritual, intelectual ou sexual para cativar seus pupilos ou seguidores. Essas poderosas figuras podem de caso pensado induzi-los à dependência para melhor controlá-los. Sabe-se, também, que trocam favores sexuais pelo seu patrocínio nas coisas da vida secular e pregam que a concessão de favores dessa natureza irão acelerar a iluminação espiritual, que é uma parte da iniciação ao mundo do espírito — uma transferência de energia. Mesmo quando um guru não abusa da sua força, o amor espiritual entre ele e o discípulo não raro é visto como um requisito imprescindível da unificação com o "Bem-amado", isto é, Deus, em qualquer das suas versões.

Olhando para a vida do místico sufi Mevlana Celaleddin Rumi, vê-se como se inflama o fogo divino entre ele e seu mestre, Shemseddin Tebrizi (a prosa, conquanto singular na forma, retrata à perfeição os sentimentos, de modo que a mantenho tal como foi escrita):

> *Ele [Mevlana] voltava da Medrese; no meio da rua, duas mãos arrebataram subitamente as rédeas da mula que ele estava montando. O homem era um dervixe itinerante e Mevlana, não sabendo quem ele era, respondeu às perguntas do dervixe sem floreios, ornatos, sofisticação ou complexidade. A franqueza e sinceridade das respostas entusiasmaram o dervixe e encheram de estímulo sua alma. Apeando da mula, Mevlana abraçou o dervixe e eles foram juntos para casa. Desse dia em diante, a porta da alma de Mevlana foi aberta com a chave do amor divino.*
>
> — *Guia do Santuário de Rumi, Konya*

Trata-se de um encontro dramático, a que se seguiu um traumático relacionamento. O dervixe, Shems, desaparece. Mevlana fica arrasado. Shems reaparece, Mevlana exulta. Por ciúme da influência que exercia, os seguidores de Rumi providenciam o assassinato do dervixe:

> *Nunca mais o coração solitário e ferido e a confusa cabeça de Mevlana se acalmaram. A ausência de Shems influenciou profundamente Mevlana e queimou-o numa chama de melancolia e transe, de modo que ele foi arrastado pelo feitiço do amor num perene mistério.*

Como salientou Talat Sait, um turco especializado nos dervixes:

> Essa seqüência de acontecimentos foi um fenômeno místico perfeito. Para Mevlana, Shems era tanto a personificação de Deus quanto o símbolo da humanidade... Na ausência de Shems, Mevlana encetou uma busca mística e difícil... [Quando Shems voltou] Mevlana reencontrou Deus, e desta vez suas almas se uniram completa e inseparavelmente.[42]

O guru indiano de Irina Tweedie, uma sufi do Ocidente, usava métodos abusivos para dobrar-lhe a vontade, mas ela continua a descrevê-lo como uma pessoa querida.[43] Em troca de uma simples autorização para ficar perto dele uns poucos momentos, ela ficava horas e horas debaixo de um sol causticante, sem comer nem beber, conforme ele lhe ordenava. Ele a fizera vir de muito longe para ser sua discípula, e ela acreditava que isso dava a ele o direito de pôr e dispor da sua vida. Conquanto ela o rotule de gentil e amoroso, as atitudes dele foram sempre duras. Moribundo, foi ela quem ele escolheu para ficar ao seu lado, enquanto não mudou de idéia e a mandou embora, decisão que a deixou consternada. Morto, ele permaneceu sempre ao lado dela. Há pouca diferença entre o que ela diz dele como guru e o conceito que têm as outras pessoas da vida com uma alma gêmea. A única discrepância é que as outras pessoas freqüentemente buscam um ser divino e perfeito que seja uma alma gêmea, ao passo que ela acreditava encontrar nele o divino.

Não são apenas os gurus declarados que usam esses métodos. Um carismático chefe de um centro da Nova Era, a quem chamarei Arthur, saudava seus visitantes (homens e mulheres) tocando-os psiquicamente no chakra da base; se conscientemente ou não, ignoro. Porém, muitas pessoas comentaram isso comigo e eu própria passei pela experiência. Era extremamente íntimo. Havia, contudo, quem achasse a experiência sexualmente excitante e pensasse tratar-se de uma deferência toda especial. Quase todos (homens e mulheres) que eram apresentados a Arthur pensavam: "Ele gosta de mim." O resultado era uma pletora de mulheres de meia-idade mal podendo esperar para lhe cair aos pés — ou na cama — e não poucos homens preparados para fazer o mesmo, todos convencidos de que ali estava a sua alma gêmea.

Infelizmente, havia também jovens em torno de Arthur, homens e mulheres que se rendiam aos seus encantos. Eles eram induzidos a aceitar o ponto de vista pessoal dele acerca da espiritualidade. Ele de tal forma os enleava que ficavam impossibilitados de pensar por si mesmos. Cada qual se julgava envolvido num relacionamento especial com ele. Todos lhe entregavam o coração. Por mais que ele os maltratasse, consideravam-no como o "mais maravilhoso dos mestres". Prepotente ao extremo, espalhafatoso e irritadiço, ele se enfurecia à menor provocação. Era como esses gurus orientais de ficção, para quem a humilhação é imprescindível para liberar o ego para a iluminação.

Então, sem mais nem menos, ele afastava os adeptos de surpresa, à alegação de que se tinham tornado dependentes demais e tinham de aprender a caminhar com as próprias pernas. O mesmo ocorria em seus relacionamentos sexuais; ele os rompia de supetão. Infelizmente, contudo, ele jamais cuidou de devolver o coração que tão graciosamente lhe haviam dado. Jovens e ex-parceiros ficavam condenados ao limbo. Poderiam, talvez, recorrer com proveito aos "quebra-laços", mas ter de volta o coração é que era a chave para recomeçar a vida.

RECLAME O SEU CORAÇÃO

Considero a visualização orientada como um instrumento útil para descartar o passado. Pode-se usá-la na reconstituição de antigos incidentes, mudando o roteiro a fim de amoldá-los e estendê-los quanto for preciso. Pode-se também usá-la com finalidades mais práticas como, por exemplo, a recuperação do coração que se tenha entregado a outrem. A visualização é um poderoso instrumento para a programação das energias subconscientes. Requer um relaxamento que gera um estado alterado de consciência. Pode-se memorizar o exercício, gravá-lo em fita ou pedir que alguém o leia, talvez com um fundo musical apropriado e espaçando convenientemente os diferentes estágios. Trabalhar com alguém ao lado é vantajoso, por que a pessoa, adaptando-se ao nosso tempo e ritmo, nos poupa à preocupação de eventualmente esquecer alguma fase.

Enquanto alguns vêem imagens absolutamente nítidas, outros as enxergam nebulosas e há mesmo quem nada veja, na visualização. Concentrando o olhar interior num ponto logo acima das sobrancelhas e entre elas, pode-se mais facilmente formar as imagens. Se você for uma pessoa que não consegue vê-las, tente "fazer de conta". Finja que "sente" cada um dos estágios do processo. Pode mesmo encená-los, caminhando de um lado para outro para criar o clima adequado.

É preciso que use um local confortável e no qual ninguém o perturbe durante cerca de meia hora. Talvez se sinta à vontade numa poltrona ou na cama. Elimine todo e qualquer fator externo que possa distraí-lo, a fim de criar uma atmosfera de paz e tranqüilidade. Flores e óleos perfumados podem ajudar a criar o ambiente desejado.

Você pode fazer o exercício seguinte com alguém com quem tenha tido um relacionamento estreito na vida presente, como também pode pedir que lhe sejam mostradas vinculações de outras vidas. Talvez não seja necessário saber detalhes da vida da outra pessoa; basta a certeza de que ela se apossou do seu coração. Por outro lado, talvez precise ouvir-lhe a história e renegociar velhas promessas.

Exercício: Como recuperar o seu coração

Acomode-se confortavelmente e controle o ritmo da respiração. Não force. Concentre-se nela por alguns momentos. Ao inspirar, procure interiorizar uma sensação de paz. Ao expirar, tente liberar todas as suas tensões. A cada respiração, mais se aprofundará o relaxamento. Logo o seu corpo se sentirá agradavelmente relaxado e uma sensação deliciosamente morna e repousante descerá do alto da cabeça até as pontas dos pés. Solte um grande suspiro de satisfação.

[3 minutos]

Concentre-se agora no seu coração. Sinta as suas batidas, ouça os sons que ele faz. Ao ouvir o ritmo do seu coração, ao sentir a sua pulsação, relaxe ainda um pouco mais. Lentamente, deixe que o seu coração o transporte para um outro espaço.

[3 minutos]

Você irá se encontrar no templo secreto do seu coração. São cores e dimensões novas para você. Explore esse templo; verifique se alguma coisa está quebrada. Verifique se encontra ali alguém (se assim for, lembre-se de que logo irá trabalhar com essa pessoa). Verifique se alguma fibra do seu coração o empurra para alguma direção. Em caso positivo, corte-a com uma tesoura dourada para que se rompa a ligação; depois, limpe e lacre o local com uma luz dourada.

[5 minutos]

Talvez você já tenha notado que alguém está com o seu coração; se assim for, retrate a pessoa à sua frente. Se ainda não a reconhece, peça que ela lhe seja revelada agora mesmo (se houver mais de uma pessoa, trabalhe com uma por vez).

[2 minutos]

Você verá que essa pessoa está de posse de um pedaço do seu coração. Talvez ele lhe seja mostrado simplesmente. Se for, examina a sua cor e forma. Talvez ele lhe seja restituído espontaneamente, ou, quem sabe, a pessoa queira ficar com ele. Se quiser, pergunte a razão. Talvez a pessoa pense que tem de cuidar de você; talvez você lhe tenha dado o coração para guardar. Se necessário, agradeça a ela, libere, a ela e a si mesmo, faça o que for melhor. Será preciso que diga com firmeza que é chegado o tempo de ter de volta o seu coração.

[5 minutos]

Agora, respire fundo e concentre a sua atenção. Com firmeza e sem vacilos, estenda as mãos e apanhe esse coração. Festeje a sua volta com amor e recoloque-o dentro de você.

[3 minutos]

(Se estiver tendo algum problema, recorra a um guia, a alguém que o ajude, ao seu Eu Superior ou a algum ser angelical. Todavia, a firmeza de propósito é a melhor ajuda que poderá ter.)

Repita o procedimento, até que ninguém mais esteja de posse de um pedaço do seu coração. Certifique-se de que você mesmo não está, por inadvertência, com algum pedaço de um coração alheio. Se estiver, devolva-o; deixe que ele volte para o seu devido lugar. Depois, reexamine o templo secreto do seu coração. Provavelmente, ele lhe parecerá bem melhor. Talvez os pedaços simbólicos do seu coração estejam decorando as paredes. Se for preciso algum conserto suplementar, use a luz dourada.

[2 minutos]

Agora, afaste-se concientemente desse templo secreto, seguro, porém, de que ele se acha no interior do seu coração que, agora, está íntegro e curado. Atente novamente para a sua respiração e para as batidas do seu coração. Lentamente, concentre uma vez mais sua atenção no interior do quarto. Dirija-a para os pés e plante-os com firmeza no chão. Imagine uma bolha de luz ao seu redor, protegendo suas energias, de modo que se sinta resguardado e seguro. Abra então os olhos. Faça um momento de reflexão, erga-se e caminhe pelo quarto.

POR TODOS OS SÉCULOS DOS SÉCULOS, AMÉM?

Um sacrifício longo demais pode fazer do coração uma pedra.

— *W. B. Yeats*

Já vimos algumas das muitas juras que nos podem prender a uma outra alma: "Claro que estarei sempre com você", "Jamais o deixarei", "Amá-lo-ei para sempre", "É o(a) único(a) para mim", "Para ter e manter a partir de hoje", "Estaremos juntos na próxima encarnação" são apenas algumas das promessas que costumeiramente se fazem. Essas promessas prendem ambas as partes à jura. Em numerosos casamentos o par permanece junto por falta de opção, mas com o coração, como diz Yeats, feito em pedra, o amor, se é que existe, se transforma em ódio ou indiferença. É que o casal é prisioneiro do conhecido "por todos os séculos dos séculos, amém". No entanto, duas almas podem acabar presas por uma jura feita por apenas uma delas ou, mesmo, pela projeção do desejo de uma delas. É possível que você se encontre inadvertidamente envolvido numa jura que diz: "Farei com que ele (ela) aprenda o que é sofrer" ou "Eu faria dele um homem feliz se ao menos..." É igualmente possível que tenha pedido a alguém: "Cuide de mim", por exemplo. Se o fez, é preciso que libere a pessoa.

Ocasionalmente, virá à tona, numa regressão a vidas passadas, uma existência do tipo "se ao menos". Será caracterizada por certa espécie de ansiedade, um anelante sentimento de "é assim que deveria ser", e não será decerto um reviver pleno e vigoroso. Tenho constatado que esse "reviver" é, muito mais do que um acontecimento real, uma simples criação mental da pessoa. Assim é que, se uma solteirona alimentou sonhos românticos com um futuro marido e eles não se realizaram, é possível que esses sonhos tenham ficado impressos como "recordação". Isso é algo que detectei conversando com mulheres de certa idade acerca da Primeira Guerra Mundial. Muitas delas mencionavam com nostalgia o "meu noivo que morreu na guerra, sabe". Claro que foram muitos aqueles que encontraram a morte na guerra, mas familiares dessas mulheres revelaram que, longe de um noivado, tratava-se de um namoro apenas passageiro, ou de alguém que se tinha admirado a distância ou, mesmo, de um rapaz que morava nas redondezas.

Igualmente, se alguém fez um mau casamento haverá de relembrar muitas vezes um antigo admirador: "Ah, se eu tivesse casado com ele, tudo teria sido diferente." Não estou tão certa disso; nossa tendência é atrair sempre os mesmos modelos. Mas não é isso que importa. É o desejo que fica impresso, o desejo que penetra o pensamento e a imaginação e, com o passar do tempo, acaba sendo visto como um fato consumado. Por isso, quando faço alguém retroceder a um contato com uma alma gêmea, não perco de vista que esse contato pode ter sido puramente imaginário. Talvez, tenha sido unilateral; talvez seja verdadeiro.

Exercício: para renegociar uma jura de amor

(Durante os primeiros minutos, pratique o relaxamento descrito no primeiro exercício)

Imagine agora que você voltou no tempo àquele ponto em que fez uma jura ou uma promessa (se não souber quando foi, peça que lhe seja mostrado). Reconstitua a cena tal como ela ocorreu, mas sem envolver-se em demasia. Aprecie, não participe. Registre quem está presente e o que está dizendo. Se for alguém que você não reconhece, pergunte quem é essa pessoa na sua vida atual.

[5-10 minutos]

Examine agora com cuidado essa jura de amor. Continuará tendo cabimento? É alguma coisa que você quer que continue? É preciso atualizá-la ou rescindi-la? É algo que inadvertidamente foi carreado para o presente? Terá você exigido de alguém uma jura de amor que o esteja prendendo? Se for conveniente, peça a um conselheiro que discuta com você o assunto. Se for uma promessa feita a uma alma gêmea, peça-lhe que também assista à cena e participe da discussão. Verifique se é o caso de prosseguir. Verifique também se você fez a uma alma gêmea alguma promessa entre uma vida e outra.

[5 minutos]

Imagine-se então nessa cena, mas usando um novo palavreado. Seja firme e bem claro: "Isto vale apenas para esta vida." Ou declare claramente, "Eu não posso fazer isso", se o que lhe pedem é um entrave que irá prejudicar a sua alma. Se a promessa tem de ser carreada para a vida presente, ou se foi feita para ela ou durante ela, coloque as condições para que possa produzir efeito. Deixe claro que, se sua alma gêmea não honrar o acordo, ou se as circunstâncias mudarem, a promessa estará desfeita.

[5 minutos]

Quando tiver certeza de que a cena foi satisfatoriamente refeita, deixe assim. Volte a sua atenção para o momento presente.

Respire mais fundo e retome a consciência do seu corpo. Imagine-se rodeado de uma bolha luminosa de proteção. Quando estiver pronto, abra os olhos.

Se for conveniente, pode utilizar depois algum lembrete deste exercício. Repita-o de uma maneira positiva. Dizer: "Estou livre do passado" é preferível a "Já não estou preso ao passado". Se a promessa tiver sido feita a uma alma gêmea, discuta então sua visualização, para que as coisas sejam trazidas à luz. Poderá descobrir que também sua alma gêmea gostaria de ter uma oportunidade de refazer o passado. Caso contrário, poderão surgir entre você e ela alguns assuntos que carecem ser explorados.

O CASAMENTO MÍSTICO

Um dos mais fortes vínculos anímicos foi criado nos templos da antigüidade. O casamento místico destinava-se a ser "para sempre". Existe um velho papiro egípcio com os procedimentos para a consumação de um casamento místico. Infelizmente, ou felizmente, dependendo do ponto de vista, faltam as derradeiras etapas do processo. Tratava-se de uma cuidadosa combinação dos níveis físico, emocional, mental e espiritual. O casal desenvolvia conjuntamente seus poderes psíquicos; a telepatia era um fato da mente, tanto quanto o eram as experiências extracorpóreas. Era coisa de muitos anos. Ambas as partes tinham de estar igualmente preparadas: uma não podia adiantar-se à outra. Uma vez reunidas nesse nível, as almas tinham de continuar juntas por toda a eternidade. Tinham trabalho espiritual para fazer; trabalho que não terminava com a morte.

Os contatos desse tipo têm uma poderosa influência e podem estar na base de muitos sentimentos anímicos. Ensinava-se aos participantes telepatia e contato anímico. Por isso, ao menos um dos parceiros num antigo casamento místico saberá normalmente aquilo a que veio a outra metade nesta vida, ainda que se encontre distante dela. Vimos o efeito, na vida presente, do casamento místico entre W. B. Yeats e Maud Gonne, casamento que pode ter sido a repetição de uma antiga união. Ocorre que alguns dos participantes, embora ainda não se conheçam nesta vida, partilham experiências. As observações vão desde "Nos conhecemos em sonhos muito antes de nos encontrarmos fisicamente" até "Não houve um momento, desde que nos conhecemos, em que eu não soubesse exatamente o que ele estava pensando e sentindo, mesmo estando eu no outro lado do mundo" e "Odeio a sensação de que ele sabia tudo o que eu estava pensando e de que ele podia fazer com que eu me portasse como ele queria". Embora possa ser romântico e maravilhoso, isso de "sentir o que ele está sentindo e pensar o que ele está pensando" talvez acarrete problemas ao nosso desenvolvimento individual. Depois de algum tempo, a maioria das pessoas se sente invadida pela outra pessoa e quer simplesmente estabelecer certos limites; e, claro está, talvez o encontro nesta vida tenha precisamente esse escopo. Se a parceria for demasiado simbiótica, a separação poderá ser essencial. Como observou Platão, quando duas almas se entrelaçam fortemente o desfecho costuma ser a morte.

O que torna as coisas ainda mais confusas é a possibilidade de que tenha havido mais do que um casamento místico ao longo de algumas vidas, ou que esse casamento tenha sido destinado a uma única encarnação, mas sem que isso tenha sido especificado. Até mesmo um casamento arranjado, nas culturas que consagram essa instituição, pode operar como um casamento místico para o efeito de obrigar as pessoas a permanecerem juntas. Nesse caso, poderá tornar-se necessário um divórcio espiritual. Talvez um dia a pessoa se veja fazendo esse voto, mas com a ressalva: "Para esta vida apenas", ou "Enquanto for bom".

Um tipo de casamento místico diferente, mais positivo e mais propício ao crescimento nesta vida é aquele que acontece entre os nossos lados masculino e feminino. Pode-se ver isso como o elo entre as várias partes da pessoa que foram masculinas e femininas em outras vidas, ou como o cimento que liga a "anima" e o "animus" que trouxemos conosco, ou como o elemento de aproximação das duas metades que Platão afirma terem sido separadas há muito tempo. Isso é o que une todas as nossas qualidades masculinas e femininas e nos confere a integridade interior. Levar a efeito esse casamento místico pode ser um passo na nossa evolução espiritual. Significa que não precisaremos mais buscar "lá fora" o nosso parceiro perfeito. Todas as qualidades nós as encontramos dentro de nós mesmos.

A certa altura do caminho poderemos, talvez, encontrar "lá fora" o parceiro perfeito — nossa alma gêmea — que reflete a porção não-vista e não-reconhecida da nossa alma; mas em algum estágio, passaremos a ver essa porção dentro de nós mesmos. Esse é o momento em que a nossa alma gêmea tem de partir ou, pelo menos, pôr-se de lado para que a união interior tenha lugar. Então poderemos começar um relacionamento, não como uma pessoa desequilibrada que procura alguém que a torne completa, mas como uma pessoa completa que tem algo a oferecer num relacionamento: o eu único do seu verdadeiro ser.

A integração do casamento místico interior pode ser estimulada com uma simples visualização.

Exercício para a realização do casamento interior

Ponha-se bem à vontade e feche os olhos. Respire dez vezes, lenta e profundamente. Ao expirar, solte todas as tensões. Ao inspirar, interiorize uma sensação de paz e tranqüilidade. Afaste de você as preocupações do dia-a-dia e deixe que a paz se instale.

Agora respire suave e ritmicamente. Suas pálpebras começam a pesar; deite-se suavemente. A cada respiração, sinta que ondas de relaxamento percorrem o seu corpo. Focalize a atenção bem fundo dentro de você; deixe que o mundo exterior desapareça.

Imagine-se agora no portal de um grande templo. Diante de você erguem-se muros e portões altos e ornamentados. São a entrada para o pátio interno. Lentamente, os portões se abrirão e um serviçal do templo o convidará a entrar.

[2 minutos]

O serviçal o levará até uma câmara no pátio interno. Ali haverá um banho preparado para você, que será banhado, perfumado e vestido, por outros serviçais, com trajes apropriados para o casamento.

[3 minutos]

Quando estiver pronto, o serviçal o conduzirá à câmara das oferendas. Ali você poderá fazer uma oferenda que lhe assegurará um casamento interior bem-sucedido. Aquilo que for mais adequado para ofertar estará no altar à sua frente.

[3 minutos]

Agora, o serviçal o acompanhará à câmara nupcial para que você aguarde seu parceiro no casamento. Há comida e bebida à sua espera. Por trás de cortinas de fina escumilha está o seu leito nupcial. Quando o serviçal se retirar, seu parceiro se apresentará. Será uma fusão total, um casamento em todos os níveis. Deixe que o seu parceiro interior se chegue ao seu coração, para fundir-se com você.

[10 minutos]

Agora é hora de deixar a câmara nupcial. O serviçal voltará para reconduzi-lo ao portal que dá para o mundo exterior. Atravesse com ele o pátio.

[2 minutos]

Saiba que, ao transpor o portal, você estará interiormente íntegro. Você integrou suas energias masculinas e femininas. Já não precisa procurar fora de si energias complementares, elas estão dentro de você.

Quando estiver no lado de fora do templo, imagine-se rodeado e protegido por uma bolha de luz branca. Cuide então de, lentamente, trazer sua atenção de volta para o corpo físico. Respire um pouco mais fundo, mexa os pés e as mãos. Pouco a pouco, comece a prestar atenção uma vez mais ao seu quarto. Erga-se e, com os pés no chão, imagine uma corda que o prende ao seio da terra, assegurando que você permaneça encarnado. Passeie um pouco pelo quarto até despertar em definitivo para a realidade do cotidiano.

Se porventura você achar que esse parceiro interior é alguém que tenha conhecido no dia-a-dia da vida, verifique cuidadosamente se ele é mesmo o seu verdadeiro parceiro interior. O que você vê pode ser influenciado por projeções suas ou por um desejo muito forte de ver a outra pessoa. Não faça o casamento interior se não estiver absolutamente certo. Se seu casamento místico for com alguém que está na sua vida no momento presente, não se esqueça de dizer "Enquanto for bom". Pode ser uma poderosa força de união que o junta ao seu parceiro em todos os níveis. Talvez seja isso o que o seu relacionamento necessita; talvez não.

O DIVÓRCIO ESPIRITUAL

Que homem nenhum separe aquilo que Deus uniu.
Deus cuidará disso.

— *George Bernard Shaw*

Ouvindo o que me dizem as pessoas, às vezes tenho a impressão de que Deus estava de folga quando, supostamente, deveria ter abençoado um casamento. O irônico comentário de Shaw comporta uma dupla interpretação e, não raro, constatamos que aquilo que parecia um casamento feito no céu tinha, na verdade, sido engendrado no inferno. A prenhez simplesmente não demorou para dar à luz demônios.

O que você faz ao deparar com uma situação impossível? Bem, existe uma coisa chamada karma da graça que diz que, tendo feito o possível, a pessoa pode se afastar sem contrair novo karma. Tampouco é preciso ficar pagando repetidamente por um único erro.

Não é preciso uma vida de penitência em razão de um único débito kármico.

— *Pauline Stone*[44]

Obviamente, é preciso estar certo de que se fez todo o possível e não se está apenas fugindo; estar certo de que o parceiro, ou ex-alma gêmea, realmente não está preparado para trabalhar em parceria na vida presente. Nesse caso, será possível fazer um divórcio espiritual. Pode também ocorrer que não seja a intenção de uma alma ficar nesta vida com determinada pessoa, hipótese em que o divórcio pode se aplicar a vidas passadas. É uma técnica útil também quando se sente, ou se sabe, que se fez no passado um casamento místico ao qual não se quer mais dar continuidade. Conhecendo a sinastria dos mapas astrológicos, pode-se detectar diversos contatos nodais e netunianos com os planetas pessoais. É uma boa indicação de que se poderá recorrer ao divórcio espiritual se as coisas com a alma gêmea não estiverem correndo satisfatoriamente.

Exercício: O divórcio espiritual

(Fazer o relaxamento de acordo com as instruções fornecidas nos exercícios precedentes)

Quando estiver relaxado, imagine-se entrando num templo ou igreja (deixe que a imagem venha sem pensar no aspecto que deverá ter). Note como você está vestido; como um noivo ou como um viúvo? Pode ser qualquer dessas coisas.

Lá está você para um encontro com a sua alma gêmea (ou parceiro no casamento). Compareça perante um sacerdote (ou sacerdotisa) para que o rompimento da sua união seja abençoado. Se tiver no dedo um anel, tire-o e entregue-o ao sacerdote.

Os olhos fitos nos da sua alma gêmea, rescinda os votos que tiver feito. Retire todas as promessas. Se necessário, faça-o com lágrimas nos olhos. Onde for preciso, deixe que a cura e o perdão aconteçam entre os dois.

Diga com toda a clareza: "Divorcio-me de você, dou-lhe a liberdade. Sou novamente um todo." O sacerdote (ou sacerdotisa) abençoará a sua desunião, liberando sobre você e o outro energias divinas que trarão consigo mais cura e perdão.

Despeça-se então da sua alma gêmea ou parceiro. Deseje-lhe sorte no futuro. Aceite os votos de felicidade que ele lhe fizer. Se achar conveniente, desculpe-se pelos erros que pode ter cometido.

Depois afaste-se da igreja ou templo. Receba as felicitações dos que estão à sua espera. Acolha com grande alegria a sua separação. Este é o momento em que você recupera a sua alma.

Quando quiser, faça-se envolver por uma bolha protetora de luz. Dentro dela, se sentirá íntegro e curado. Depois, volte a sua atenção novamente para o quarto em que está e abra os olhos.

A CURA DAS FERIDAS

Será a nossa determinação de permanecer juntos a qualquer custo a verdadeira medida do nosso amor?

— *Pauline Stone*[45]

Muitas pessoas acreditam que, por não quererem separar-se, estão dando prova de um grande amor. Conheço uma mulher que foi casada durante 54 anos. O seu foi um desses casamentos de tempos de guerra, supostamente baseado num amor à primeira vista. Ela com certeza achava que havia encontrado sua alma gêmea. Fez juras eternas de amor. Ele estava para morrer a qualquer momento. De sua parte, ele deu pouca importância às juras que fez, crente que logo tudo estaria acabado. Mas acabou por cair numa armadilha. Ele continua vivo, mas é como se a melhor solução para ele fosse a própria morte, única forma pela qual poderia escapar a esse fardo terrível que é o amor. Durante um quarto de século, embora pudesse considerar-se feliz, não passou um dia sem que ele tivesse querido ir embora. Ele tinha muitas outras mulheres. Ela ameaçava suicidar-se caso ele a deixasse. Um dia ele a trocou por outra mulher, com quem ainda vive. Todavia, não haverá divórcio. É o clássico eterno triângulo. Durante quase trinta anos ela quedou-se em casa à espera de que ele voltasse. Ela simplesmente não consegue desprender-se dele. É como se não passasse de uma marionete. Tem a vida presa por um cordel. Ela se vê como uma pobre vítima indefesa. Para ele, ela é uma força poderosa que lhe domina a vida, malgrado não tenha posto os olhos nela durante os últimos trinta anos. Somente a morte, diz ela, pode pôr fim àquela união. Apenas a morte, acredita ele, pode libertá-lo.

Então, para onde caminham os dois? Que faz alguém numa situação como essa? Existem certas providências que todos podemos tomar para curar as feridas dos nossos relacionamentos; para mudar o modelo a fim de que ele não seja carreado para o futuro; para remanejá-lo de modo que os nossos relacionamentos se tornem experiências positivas e vivificantes. Quer estejamos ou não de momento envolvidos num relacionamento anímico, se quisermos vir a estar, ou se tivermos deixado um relacionamento para trás, assim é preciso trabalhar os aspectos da nossa parceria. Tudo se reduz, simplesmente, a três coisas: aceitação, perdão e desprendimento.

A crença no karma torna mais fácil a separação e também ajuda a compreender por que talvez estejamos passando por experiências desagradáveis. Ele também pode nos ajudar a garantir um futuro mais feliz; afinal, aquilo que agora colocamos em andamento determina o curso que haverá de tomar nossa vida, atual ou futura. A compreensão do propósito pelo qual a alma se lança no relacionamento é um poderoso fator de cura; o mesmo se pode dizer do ato de se colocar na pele da outra pessoa, vendo as coisas do ponto de vista dessa pessoa. Nós somos de hábito preconceituosos quanto ao que esperamos de uma alma gêmea: um amor perfeito, esperanças iguais às que alimentamos, determinados padrões de comportamento, compreensão total... A lista varia um pouco de pessoa para pessoa. Raramente olhamos para o que temos para oferecer. Tampouco examinamos a bagagem que trazemos para o relacionamento: nossas expectativas no tocante ao amor, nossas respostas habituais, nossa experiência passada. Onde os preconceitos e a bagagem diferem é onde localizamos a nossa dor. Muito freqüentemente, nossa reação é tentar mudar a outra pessoa, quando, na verdade, tudo quanto podemos fazer é mudar a nós mesmos.

É preciso começar pelas nossas ilusões. Aquilo que buscamos será algo demasiado perfeito, demasiado inatingível? Serão impossíveis os padrões que estabelecemos? O que procuramos será realmente o amor ou uma forma de dependência mórbida e simbiótica que irá sufocar os dois? Tudo isso talvez precise ser revisto. Estaremos vendo-nos como perfeitos e deixando de reconhecer nossas falhas e defeitos humanos? Estaremos vendo o nosso parceiro como um deus (ou deusa)? Será preciso que estudemos a sua verdadeira natureza? Será preciso que nos desiludamos? (Um processo penoso, mas muito necessário para ver as coisas como elas são.) Talvez você esteja atribuindo ao parceiro um papel heróico e ideal que ele não tem condições de desempenhar. Nós projetamos nos outros aquilo que queremos para nós próprios; exigimos deles aquilo que não temos condições para ter. Talvez seja preciso abrir mão dessa projeção e ver a nós mesmos e ao outro como realmente somos.

Talvez seja preciso romper a dependência e a passividade para recuperar nossa força e individualidade e reconhecer que nós é que construímos o nosso futuro. Talvez seja preciso ver onde exercemos o domínio e o controle, onde buscamos exercer poder sobre a outra pessoa, onde manipulamos. Se virmos apenas um lado, jamais poderemos corrigir o que é preciso. Temos de oferecer uma amorosa aceitação tanto a nós mesmos quanto ao nosso parceiro.

Se simplesmente permitirmos que o parceiro seja tal qual é, que aceite o pior e enxergue o melhor, ele então terá onde florescer. Se aceitarmos o que existe em lugar de querermos sempre mais ou melhor, talvez venhamos a descobrir que temos tudo que precisamos. Se passamos o tempo a condenar, que esperança pode haver? Da mesma forma, é preciso aprender com os erros em lugar de condená-los. É assim que crescemos.

Se nos desprendermos do karma, se nos afastarmos do eterno ciclo, as coisas mudarão. Se nos abstivermos de retaliar, se não contra-golpearmos, se optarmos por não reagir, poderemos modificar o modelo. Se deixarmos de lado nossas emoções mais fortes — dor, ira, compulsão —, criaremos espaço para o amor.

Desprendendo-nos daqueles que mais amamos, deixaremos que alcem vôo, que existam e cresçam. E lhes damos espaço para que retornem também. Se nos agarramos a eles, nós os estrangulamos e sufocamos. O desprendimento nos faz genuinamente amorosos.

Se fomos feridos, se sofremos, se estamos irados, nossa melhor ferramenta é o perdão. Ele nos liberta. Se nos atemos àqueles outros sentimentos, ninguém se beneficia com isso. Eles veiculam a morte, não a vida. O perdão, por outro lado, gera novas possibilidades. Nele talvez encontremos tudo que sempre estivemos procurando. Se não encontrarmos, ainda assim poderemos nos dar bem. Quando estamos em estado de falta, tudo o que atraímos é a necessidade. Quando estamos incompletos, tudo o que podemos achar é o desajuste. Se a nossa situação é de completude, podemos partir dela para um verdadeiro relacionamento.

O PERDÃO

Culpa e ressentimento são coisas profundamente debilitantes. Uma e outro ocorrem com freqüência nas relações anímicas. Nossa tendência é saber quando alguém está preso a uma dessas emoções, mas talvez as coisas não sejam tão claras para nós quando somos nós que estamos presos a elas. Haver dito alguma vez no passado: "É tudo minha ou sua culpa", ou "Jamais o perdoarei" são indicações claras de que a pessoa ainda não se desligou, embora tenha esquecido, no nível consciente, de que se trata. Quer o seu papel tenha sido o de receber, quer estivesse na outra ponta, é muito bom retroceder a esses momentos e desligar-se conscientemente. Se aí você encontrar algo que entenda que deve recuperar, poderá pedir desculpas, escrevendo uma carta, enviando flores, prestando um serviço a um terceiro em atenção àquele em face de quem se sente culpado.

Muitas vezes, contudo, se terá perdido de vista a outra pessoa, ou talvez se queira evitar toda e qualquer proximidade com ela. Ainda que seja esse o caso, pode ser muito bom pôr no papel um pedido de desculpas ou uma declaração de que se perdoa, lançando mão de uma fotografia ou "imagem mental" da pessoa para facilitar a sintonia. Uma vez expresso o que se sente, pode-se, indiferentemente, queimar o que se escreveu ou atirá-lo longe, para que chegue onde tem de chegar. Pode-se liberar a culpa acendendo uma vela e deixando que com ela se queime e dissolva toda a culpa que se tem. Pode-se, em seguida, usar essências florais (ver Apêndice II).

Uma simples visualização também será de ajuda para perdoar ou ser perdoado. Quando se está perdoando, será preciso escrever uma carta protestando amor e perdão à outra pessoa ou, até mesmo, falar com ela por meio do coração.

Exercício: Dar e receber perdão

Ponha-se inteiramente à vontade e relaxado. Feche os olhos e respire suavemente, concentrando a atenção na área imediatamente acima das sobrancelhas e entre elas.

Trace então um retrato mental da pessoa por quem espera ser perdoado ou à qual deseja perdoar (se isso for difícil, use uma fotografia).

Quando a imagem da pessoa se tornar suficientemente clara, imagine-se lendo a carta que escreveu, e ela recebendo-a com amor. Ou então imagine a outra pessoa lendo uma carta que lhe escreveu e recebendo-a amorosamente.

Terminadas as leituras, peça que ela o perdoe e que lhe permita sentir o perdão fluindo para o seu coração. Na ocasião, deixe que o seu perdão corra para a pessoa. Deixe que calidamente tome todo o seu corpo. Deixe que se aninhe no seu coração.

Quando o perdão estiver consumado, agradeça à pessoa, deseje-lhe felicidade e faça um gesto que lhe pareça apropriado, como um afago ou um aperto de mão.

Depois, deixe que ela se apague da sua mente e mande, com

amor, que ela siga o seu caminho. Note como se sente muito mais leve, agora que perdoou e foi perdoado.

Quando estiver pronto, respire um pouco mais fundo e volte a tomar consciência das coisas que o rodeiam. Depois, abra lentamente os olhos.

O perdão não-específico

Estando relaxado e receptivo, imagine à sua frente uma radiante luz branca que cresce até envolvê-lo por completo.

É uma luz de amor e perdão totais. Sinta que ela se espalha calidamente por todo o seu corpo, enchendo o seu coração de uma aceitação incondicional e amorosa. Descanse na paz que ela lhe proporciona até perceber que você foi inteiramente perdoado.

Note como se sente muito mais leve agora que recebeu o perdão.

Quando estiver pronto, respire um pouco mais fundo e volte a tomar consciência das coisas que o rodeiam. Com sua atenção uma vez mais de volta ao quarto, abra os olhos. (Colocar sobre o coração um cristal de quartzo rosa ao fazer este exercício pode potencializar o seu efeito.)

Seguindo em Frente

Nossa alma gêmea só pode ser encontrada na integração das nossas energias interiores.[46]

Numa conferência sobre reencarnação, mencionei casualmente que estava escrevendo um livro que, jocosamente, eu dizia ser o antídoto dos livros sobre almas gêmeas. Ao final fui procurada por um senhor de idade que me interpelou ansioso: "Você não acredita em almas gêmeas?" "Bem", respondi, "acredito sim. Mas acredito, também, que elas podem ser exatamente o inverso daquilo que todos procuram." Ele contou-me que doze anos antes havia conhecido sua alma gêmea, agora sua esposa. Ela lhe havia dado mão forte em muitos momentos de depressão e dificuldade. "Mas", acrescentou ele, "não passa dia sem que o nosso amor se torne ainda mais forte." E, apontando para o coração: "Cá dentro, sei que encontrei minha alma gêmea; ela faz com que a minha vida valha a pena."

De quando em quando, deparo com histórias como essa, e em número suficiente para vacinar-me contra o sentimento de despeito que se apossa de mim quando folheio a minha correspondência. Todas as semanas, recebo invariavelmente três ou quatro cartas a propósito de almas gêmeas — ou da falta delas. Uma das queixas que mais me comovem é: "Por que minha alma gêmea partiu e me deixou sozinho?"

Qualquer vida muda inapelavelmente com a perda de uma alma gêmea. Existe uma alternativa para essas situações: continuar como antes ou mudar, transformar a perda em lucro, fazer com que algo novo aconteça. Quando as pessoas tratam de continuar como antes, é quase como se estivessem fingindo que nada aconteceu. Tentam voltar o relógio, recriar o passado — não raro com uma outra alma gêmea. Ou amortalham o passado, de modo a torná-lo um momento congelado no tempo em homenagem à memória da pessoa. Ambas as respostas mais são veículos de morte que de vida; nada nelas é dinâmico, nada cresce.

Em duas obras de pura adulação escritas logo depois do assassinato de John Lennon,[47] o empenho em compor um retrato ideal das almas gêmeas fez com que Yoko Ono aparecesse grandemente deprimida, sempre às voltas com a memória de John e sempre falando nele como se ele tivesse acabado de sair da sala. Parecia que ela não tinha absorvido o fato de que ele estava morto. Ela preservou-lhe a memória na música: os óculos quebrados que ele usava quando morreu foram a capa do novo álbum dela. Na ocasião, ela negou que tinha novo parceiro. Porém mais tarde, em relatos bem mais realistas,[48] disse que, ao enviar John às Bermudas, em férias, Yoko estava pronta para divorciar-se dele e casar-se com outro.

No entanto, quando John reapareceu com um álbum solo com canções que havia composto nos derradeiros cinco anos (e com planos para, depois de muito tempo, gravar um álbum sem a participação dela), Yoko apressou-se em exigir que em *Double Fantasy* fossem gravadas alternadamente canções dele e dela. De acordo com os autores desta última obra, Yoko sempre usou John para projetar-se no mercado fonográfico. Ainda de acordo com eles, o "novo homem" de Yoko mudou-se para a casa dela poucos dias depois da morte de John, e ela tratou desde logo de promover o álbum que havia gravado com John. Não há dúvida de que a verdade deve estar no meio-termo, mas jamais saberemos com certeza o que realmente aconteceu. A única certeza é que, passados mais de treze anos, a sexagenária Yoko Ono fazia um giro pelos palcos ingleses com seu filho cantor Sean Ono-Lennon: a história se repetia. Ela estava de volta à estrada.

Este livro ia já em meio quando comecei a sentir que precisava acrescentar ao que já havia escrito algumas experiências positivas e enriquecedoras com almas gêmeas. Foi então que me encontrei, "por acaso", com uma velha amiga. Ela pareceu-me radiante e contou-me que tinha conhecido um homem:

> Lembra que você me disse que iria levar tempo, mas a pessoa certa iria aparecer na minha vida quando eu menos esperasse? [Ela me havia consultado fazia dois anos.] Pois bem, fui ver a Mãe Meera, na Alemanha. Súbito, apareceu um homem que se ofereceu para me levar de volta à estação. Um amigo lhe havia dito que eu iria chamar um táxi. A caminho, conversamos como velhos amigos e, quando desci do carro anotamos os números de nossos telefones. Eu lhe disse de passagem que me desse um telefonema quando fosse à Londres e poderíamos, talvez, tomar um drinque. Como ele era um piloto americano, era possível, mas não certo, que isso acontecesse. Dois dias depois, ele ligou e disse: "Que tal o nosso drinque?" "Quer dizer que você está em Londres?", indaguei. "Não", disse ele. "Vou até aí especialmente para sair com você."
>
> Dali em diante, nosso relacionamento progrediu. Ele veio me ver diversas vezes e eu fui visitá-lo nos Estados Unidos. Vou para lá no Natal. Nós achamos que temos coisas para nos ensinar um ao outro. Nossas crenças coincidem e, embora sejamos ambos pessoas independentes, com vida própria, nos damos muito bem. Nunca senti o mesmo por outro homem e nunca fui tão amada como sou por ele. Acho, realmente, que encontrei minha alma gêmea e que será uma experiência muito positiva.

Foi uma grande reviravolta na sua vida. Seu casamento tinha tido um final infeliz, fazia alguns anos, depois de três décadas de devotamento ao marido e à carreira dele. No final, ela se sentia como um "joão-ninguém". Ela catara os cacos, treinara para entrar em outra carreira e estava começando a arranjar para si um lugar onde pudesse ser útil aos outros e, ao mesmo tempo, realizar-se pessoalmente. Desde o rompimento do casamento ela vinha enfrentando grandes tragédias. Tinha perdido, de diferentes maneiras, duas almas gêmeas. Um neto muito querido havia morrido e seu filho tinha sido internado num sanatório com um problema psiquiátrico aparentemente insolúvel.

Em relação a esse filho, com quem tinha uma ligação de alma altamente compreensiva, ela tinha tido de lidar com questões de culpa. O filho, por sua vez, tinha tido um relacionamento difícil com o pai, que não se interessava por ele. Para compensar, a mãe sempre lhe deu o melhor do seu tempo e energia. Não deu sossego aos médicos à procura do melhor tratamento para ele e tanto investigou a moléstia que acabou por converter-se numa espécie de autoridade na matéria. Antes de conhecer seu futuro parceiro, ela havia trabalhado muito no sentido de liberar o filho para ser o que tinha de ser. Na verdade, ela tinha procurado a Mãe Meera para a finalidade específica de confiar-lhe o filho. E achava que isso tinha melhorado seu relacionamento com ele; agora já não eram assim "tão simbióticos". Criou-se, por essa forma, um espaço para a entrada, na sua vida, de uma outra alma gêmea, de uma pessoa com quem poderia ter um relacionamento completo, com quem poderia caminhar confiante rumo ao futuro.

Assim, mudando nossa atitude em face do amor e do amar, podemos mudar aquilo que atraímos em matéria de almas gêmeas. Talvez nossos relacionamentos continuem difíceis, mas serão diferentes. Muito provavelmente, teremos então algo que oferecer à nossa alma gêmea, vale dizer, uma oportunidade para crescer. Uma de minhas clientes, que havia trabalhado muito no sentido de aceitar a si mesma e mudar sua forma de amar, achava que era tempo de encontrar uma alma gêmea. Como ela dizia, sua vida era boa, rica e satisfatória, mas ela gostaria de ter um parceiro. Pensando com carinho no assunto, decidiu colocar um anúncio no jornal. Mas o fez de forma não-convencional. Em vez de dizer o que estava procurando, optou por alardear o que tinha para oferecer. Ela argumentava que, assim, iria atrair alguém que estivesse interessado nas suas qualidades. Efetivamente, ela conheceu um homem que, sem dúvida, tinha muito em comum com ela. Deram-se muito bem.

Havia um único problema. Ele jamais tinha tido qualquer compromisso a longo prazo. Sempre tinha tido muitas mulheres por perto "para garantir-se". Como intimamente acreditava que não era homem que pudesse ser amado, pensava que um relacionamento só lhe traria sofrimento. Assim é que fazia o possível para afugentar suas parceiras. E então dizia: "Eu sabia." Minha cliente conhecia esse jogo; durante anos o havia praticado. De modo que, quando ele tentou afastá-la, ela se limitou a dizer-lhe: "Estarei sempre aqui. Pouco importa o que você faça, eu o amo e estarei sempre aqui." Pouco a pouco, ele começou a confiar nela. Por fim, convidou-a a ir com ele para a Austrália — seu país de origem — para uma temporada de experiência. Queria ver como correriam as coisas. Ela concordou em ir por seis meses, não para ver como iriam as coisas, mas para ver se lá poderia ter uma vida que lhe permitisse manter com ele um relacionamento estável. Ela continua por lá:

> Não tenho pressa em formalizar um estilo de vida — será que um dia o farei? Duvido! Estou simplesmente aproveitando minha estada aqui; ela só me tem trazido benefícios e prazeres que eu nem conhecia. Tudo quanto posso dizer é que estou muito bem aqui, estou muito bem com Peter e o futuro se encarregará de fazer o que tem de fazer. Nós o estamos construindo agora.

Quando lhe pedi para publicar a sua história, ela disse:

> Ficamos ambos muito felizes por você querer usá-la. Estou aprendendo muito sobre mim mesma. Como abri tão inteiramente o meu coração, a criança vulnerável que existe em mim freqüentemente aparece... e também a dele, como se na nossa mútua franqueza abrigássemos nossas mágoas mais profundas. O importante é que ambos podemos compreender o que está acontecendo e, com isso, reformular nossas projeções. Às vezes, é bastante difícil, mas também muito vivificante. Parece mesmo que fomos reunidos em razão das lições que cada um tem de aprender.
>
> As outras mulheres desapareceram por completo da vida dele. Peter não deixa dúvidas quanto a isso, encara este compromisso com seriedade e exulta com o seu novo *status*. Ele afirma que agora se sente realizado e em casa e não deseja outra coisa nem outra pessoa.
>
> Reaprender a viver com alguém depois de muitos anos de completa independência é interessante (um eufemismo recompensador,

provocante, alegre, apavorante e promissor). Isso vale para nós ambos, pois aprendemos a nos comunicar e adaptar; a ser a um só tempo interdependentes e independentes; a compreender e ser compreendidos. Deseje-nos felicidade na nossa jornada separada e conjunta.

Parece, pois, que a chave para decifrar o enigma das almas gêmeas é ir ainda além das nossas expectativas e necessidades, deixar de parte nossos sonhos e viver a vida tal como ela se nos apresenta no dia-a-dia; aceitar tudo que um relacionamento oferece, qualquer que seja a forma em que se apresente; e, ao mesmo tempo, manter a nossa própria integridade. Essa é a dádiva que nos faz a nossa alma gêmea. Aceitá-la ou não, depende de nós.

APÊNDICE UM

O CORTE DOS LAÇOS

As dificuldades que nos vêm do passado muitas vezes estão inextricavelmente ligadas com pessoas com as quais nos enredamos e com as quais criamos laços que nem sempre são bons para nós. Esta é uma verdade especialmente válida para os relacionamentos amorosos, mas também aplicável a qualquer tipo de relação. Eu uso um método de "cortar laços" que tem íntima ligação com o trabalho de Phyllis Krystal, mas não se baseia nele. Envolve o abandono de todos os "deve", "precisa", "se pelo menos" que condicionam nossos contatos com as pessoas e nos impedem, e a elas, de nos desenvolvermos como pessoas, que é um direito que a todos assiste.

O corte pode ser feito com qualquer um, pouco importando que ainda esteja vivo ou atuante na nossa vida. Por isso é excelente, para liberar pessoas de outras vidas, bem como da vida presente — pais, ex-maridos e amantes. É útil fazer, de tempos em tempos, este exercício com uma alma gêmea, mesmo que se esteja num relacionamento feliz, pois ele serve para o manter tranqüilo e funcionando bem. As essências australianas *Stuart Desert Pea* e *Sunshine Wattle* ajudam a liberar o passado, e as essências florais de Bach de nozes (*Walnut*) e Madressilva (*Honeysuckle*) são boas para cortar os laços e podem ser tomadas antes e depois do procedimento (durante alguns dias). A essência australiana *Boab* é indispensável para romper com modelos familiares.

O trabalho consiste em cortar os laços emocionais que se estabelecem e liberar as partes para serem o que são e assumirem seu lugar na vida. **O amor não é cortado**, mas são suprimidas as condições, os "deve", "precisa", "mas" e "se pelo menos" que podem estar ligados a isso que passa por amor. Para um apreciável número de pessoas, amar os filhos ou parceiros envolve uma sutil aura de aceitação ou de não-aceitação que se baseia no estar a pessoa de acordo com aquilo que é requerido ou considerado bom. O amor, infelizmente, é muitas vezes uma forma de exercer controle. Paradoxalmente, no desprender-se, o vínculo do amor amiúde se robustece e o relacionamento se aperfeiçoa, pois a outra pessoa é vista como uma pessoa de pleno direito. A imaginação também é útil no trabalho com certas pessoas, como pais ou avós, que muito se amou mas já se foram, pois eles talvez continuem a ter uma influência profunda na nossa vida, e há quem se ponha a viver para realizar os sonhos dos seus antepassados.

Como a visualização nos livra do passado e, de modo especial, de pessoas que, sem o sabermos, nos estão entravando, pode ser útil proceder a um corte "no escuro", criando um círculo e depois pedindo que apareça nesse círculo a pessoa de quem mais precisamos nos livrar.

Trata-se de um procedimento muito poderoso, e só deve ser adotado quando se tem absoluta certeza de que é correto. Já documentei, em *The Karmic Journey,*[49] o caso de uma mulher que tinha um filho adulto toxicômano com quem ela vivia inexplicavelmente enredada e com quem inconscientemente tramava a fim de mantê-lo sob a sua dependência. Ela acreditava ser a verdadeira alma gêmea dele. Ela atendeu a um seminário de Phyllis Krystal e, conquanto racionalmente compreendesse que o exercício não se destinava a cortar o amor, quedou-se numa postura de ambivalência, pois, intimamente, acreditava que, cortando os laços, cortaria também o apoio que ele precisava ter dela (um bom exemplo de que não mantinha um contato adequado com seus verdadeiros sentimentos, bem como do equívoco em que incorre quem confunde "apoio" com "amor", como fazem tantas mães). Era um caso em que a cabeça dizia uma coisa e o coração, outra. Não obstante, durante o seminário, ela começou a proceder ao seu corte. Ela dormiu no meio do exercício, mas não disse nada a ninguém. Pareceu-lhe que o elo era como uma corda que lhe saía do umbigo e a prendia ao filho, e ela se pôs a cortá-la com um bisturi. Passados alguns dias, seu umbigo estava em carne viva e sangrava. Foi então que me procurou para que eu terminasse o corte. Concluído o procedimento, ela dormiu durante doze horas, ao longo das quais seu umbigo sarou.

Alguém já opinou que este exercício pode interferir com a autonomia e os direitos de outra pessoa. Todavia, na visualização, o prado simboliza o nosso próprio espaço interior. Ao fazer o exercício, estamos convidando a outra pessoa a manifestar-se no âmbito desse espaço. Ela comparece ali a nosso convite e não para exercer um direito seu (muito embora talvez já esteja ocupando, sem convite, uma porção desse espaço e interferindo na nossa autonomia). Mediante o uso dos círculos, delineamos o espaço que cada um pode ocupar durante o trabalho. Não se deve deixar que os círculos se sobreponham, nem deixar que a outra pessoa invada o nosso círculo. Uma vez terminado o trabalho, deve-se liberar a pessoa e mandá-la de volta para o seu lugar. Em outras palavras, a pessoa se retira do nosso espaço particular e vai para o espaço dela. Ficam, assim, ambas as partes livres para habitar os espaços que lhes são próprios.

A meditação é ambientada num prado; mas há quem considere mais fácil imaginar uma praia, a beira de um lago ou algum outro local tranqüilo. É importante que você use suas próprias imagens de preferência às que sugiro, pelo que deve adaptar as frases, se necessário.

Durante o processo da imaginação os laços podem manifestar-se de variadas formas, como, por exemplo, redes, ganchos, cordões umbilicais, etc. (e também em vários lugares). É muito comum a pessoa encontrar-se sexualmente ligada ao pai, a um irmão ou mesmo à mãe. Essas imagens são a maneira pela qual a mente subconsciente representa de modo simbólico uma verdade emocional e psíquica, e como tal devem ser entendidas. Uma parte do trabalho consiste em remover os laços e curar os lugares onde se prendiam, envolvendo-os em luz protetora. A outra parte consiste em destruir esses laços. Penso que a melhor forma de fazê-lo é acender uma fogueira, pois, mais uma vez, o simbolismo é importante. Ao arder, o fogo transmuda os laços em energia. Pode-se também usar água para dissolver ou lavar os laços. O único método que não aconselho é enterrá-los, pois, simbolicamente, isso não significa liberar quem quer que seja, e eles podem voltar a germinar e crescer. Posto isto, cumpre-me dizer que aprendi, ao longo dos anos, que não se deve ser dogmático, pois, às vezes, o laço pode-se transformar pela morte ou pelo renascimento, o que pode ser parte do ritual de enterramento.

Exercício: Visualização do corte dos laços

Não se apresse, relaxe e acomode-se, respirando suavemente. Imagine-se depois a caminhar num prado; faz um dia bonito, quente e ensolarado. Sinta a relva a seus pés e a terra fresca logo abaixo. Uma brisa suave lhe acaricia o rosto, fazendo com que se sinta agradável e confortável. Explore um pouco o seu prado e escolha o local em que quer fazer o trabalho.

De pé, trace um círculo em torno de si, de raio não maior que a sua envergadura de braços abertos. Pode usar tinta, giz, luz ou o que quer que lhe ocorra. O círculo delimita o seu espaço (se usar um arco luminoso, poderá colocá-lo mais para cima, caso seja necessário).

Trace outro círculo à sua frente, próximo do primeiro, de raio mais ou menos igual, mas não deixe que se toquem. Imagine no interior do círculo a pessoa de quem deseja se separar (se for difícil vê-la com clareza, pode imaginar uma fotografia colocada no interior do círculo). Não permita que os círculos se sobreponham; fixe-os por meio de pregos, se necessário.

Explique à pessoa por que você faz esse exercício. Diga-lhe que você não rompe nenhum amor incondicional que porventura exista, mas que deseja se libertar do condicionamento emocional e dos vínculos que se formaram no passado, bem como das expectativas atuais.

Preste atenção à maneira pela qual os laços se manifestam simbolicamente. Cuide depois de removê-los, primeiro de você, curando e isolando com luz, os locais onde estavam presos; depois remova-os da outra pessoa. Assegure-se de que apanha todos os laços, principalmente os mais antigos, que poderão ter escapado. Empilhe os laços fora do círculo.

Quando tiver a certeza de ter eliminado todos os laços isolando os locais onde estavam, deixe que entre você e a outra pessoa fluam o amor incondicional, o perdão e a aceitação. Depois, deixe que a outra pessoa volte para onde deve estar.

Junte todos os laços e trate de destruí-los. Talvez queira ter uma boa fogueira ou um rio em que atirá-los. Certifique-se de que todos os laços foram destruídos.

Se estiver usando o fogo, aproxime-se das chamas e sinta a energia transmudada a purificá-lo, curá-lo e energizá-lo, preenchendo os vazios deixados pelos laços que você removeu. É a sua própria energia vital criativa que retorna a você em sua forma liberada e purificada. Absorva o máximo que puder dessa energia. Se você se sentir capaz, aproxime-se do fogo e faça como a fênix, que renasce das cinzas.

Se estiver usando água, talvez o agrade entrar nela, ou aproveitar o calor do sol para se purificar, curar e energizar. Depois, faça em torno de si mesmo uma bolha de luz que o proteja.

Repita o procedimento com outra pessoa, se quiser. Quando tiver feito todos os cortes que deseja, volte novamente sua atenção para o quarto em que está e dê algum tempo para se recuperar, respirando mais fundo e voltando à sua consciência em toda a sua plenitude, os pés firmemente plantados no chão.

APÊNDICE DOIS

ESSÊNCIAS FLORAIS PARA RELACIONAMENTOS

As essências florais são uma forma muito suave de curar e acabar com dores antigas, proporcionando um desfecho positivo. As essências são encontradas em vidrinhos, dos quais se retiram algumas gotas que são adicionadas a uma garrafa contendo uma mistura de conhaque e água; ou vêm em recipientes pequenos, prontas para uso. Existem também essências combinadas (que não precisam ser diluídas). A dose usual são sete gotas duas vezes por dia. Além de tomadas pela própria pessoa, as essências podem ser usadas para ajudar outras pessoas, pingando-as sobre um cristal colocado sobre uma fotografia delas.

Para Limpar o Karma: Essências Florais Findhorn

Para aliviar dores do passado e compreender as causas mais profundas dos problemas. Desatam os laços que provocam dores, infelicidade e moléstias:

- *Birch*: para favorecer uma visão do passado.
- *Snowdrop*: para propiciar novas esperanças e desprendimento.
- *Rowan*: para diminuir o ressentimento, curar antigas feridas e ajudar a perdoar.
- *Holy-Thorn*: para fomentar a verdadeira intimidade e criar o amor incondicional.

Para Casamentos Espirituais: Essências Florais Findhorn

São de grande utilidade quando se trata de casamento interior, pois integram dualidades como cabeça e coração, inteligência e amor, homem e mulher. Produzem harmonia, união e o prazer dos relacionamentos adequados. Contêm:

- *Apple* (Maçã): para liberar a força de vontade criativa.
- *Holy-Thorn* (Espinheira Santa): para abrir o coração para o amor e a intimidade, e para expressar o verdadeiro eu.
- *Seapink*: para levar harmonia ao fluxo energético.

Essências de Relacionamento: Essências Australianas

Essas essências foram feitas para melhorar a qualidade de todos os relacionamentos, particularmente os íntimos. São em número de sete, pois o sete representa lições de aprendizado, perdão e expressão do amor:

- *Bluebell*: para liberar emoções bloqueadas e abrir o coração; para incentivar a participação.
- *Bush Gardenia*: para revitalizar relacionamentos, melhorar a comunicação e fomentar o amor e a paixão.
- Dagger Hakea: para liberar ressentimentos, gerar o perdão e a honesta expressão dos sentimentos.
- *Mint Bush*: para eliminar o caos e a confusão, especialmente quando se pretende partir ou ficar.
- *Red Suva Frangipani*: para curar dores e perturbações emocionais; para atuar no centro do coração quando o relacionamento termina.
- *Boab*: para romper antigos condicionamentos e modelos familiares e para evitar projeções sobre o parceiro.
- *Flannel Flower*: para expressar pensamentos, criar limites sadios e gozar o contato físico.

Essências de Sexualidade: Essências Australianas

Feitas especialmente para curar os traumas sexuais e de relacionamento e provocar a abertura para a sensualidade e o toque. Úteis também para a intimidade física e emocional. Contêm:

- *Flannel Flower*: para gerar intimidade e prazer ao toque.
- *Bush Gardenia*: para renovar a paixão e o interesse pelo relacionamento.
- *Billy Goat Plum*: para liberar a vergonha e melhorar a imagem corporal.
- *Wisteria*: para remediar abusos e superar a frigidez, ocasionando relacionamentos agradáveis e francos.
- *Fringed Violet*: para curar traumas e choques.

Outras essências que podem ser de ajuda nas dificuldades de relacionamentos são:

- *Bottlebrush e Boronia* (australianas): para ajudar no desligamento e curar corações partidos.
- *Chicoria* (Bach): para diminuir a possessividade e a autopiedade.
- *Little Flannel Flower* (australiana): para desenvolver o espírito esportivo e o lúdico.
- *Mountain Devil* (australiana): para dissipar inveja, ressentimento e ódio.
- *Pine* (Bach): para o sentimento de culpa.
- *Pink Mulla Mulla* (australiana): ajuda os solitários que se sentem discriminados.
- *Rowan* (Findhorn): para propiciar o perdão.
- *Sunshine Wattle* (australiana): para liberar os que se encontram presos ao passado.
- *Stuart Desert Pea* (australiana): para curar mágoas e tristezas profundas, ajudar a desprender-se e a encontrar a capacidade de perdoar.
- *Stuart Desert Rose* (australiana): para liberar a culpa.
- *Walnut* (Bach): para ajudar nas mudanças e cortar um relacionamento.
- *Wedding Bush* (australiana): para ajudar nos compromissos.
- *Willow* (Bach): para afastar o ressentimento.

Leitura Suplementar:

White, Ian: *Bush Flower Essences* — Findhorn Press.
Leigh, Marion: *Findhorn Flower Essences* — Findhorn Press.

Onde Encontrar as Essências:

Findhorn Flower Essences
The Wellspring
31 The Park
Findhorn Bay
Forres IV36 OTZ
Tel. 01309 690129

The Working Tree
Milland
Liphook
Hants GU30 7JS
Tel. 01428 741572

Referências e Créditos

1. Pauline Stone, *Relationships, Astrology and Karma* (HarperCollins, 1991), p.189. Reeditado mediante permissão da HarperCollins Publishers, Ltd.
2. Fornecido por um amigo de John Lennon.
3. Richard Bach, *The Bridge Across Forever* (Londres: Pan, 1985), contracapa.
4. Brian Weiss, *Only Love is Real* (Londres: Piatkus, 1996), p. 148.
5. Rabindranath Tagore, *Later Poems,* trad. Aurobino Bose (Minerva Press, 1976), p. 62.
6. Brian Weiss, *op. cit.*
7. Platão, *Symposium* (Londres: Penguin, 1951), p. 61. Reproduzido com a permissão da Penguin Books, Ltd.
8. *Ibid.*, p. 62.
9. Tom Bridges. Artigo publicado in *The Mountain Astrologer*, outubro,1995, p. 22.
10. Pauline Stone, *op. cit.*
11. Thomas Moore, *Soulmates* (Shaftesbury: Element Books, 1994), p. xviii.
12. Richard Bach, *op. cit.,* p. 265.
13. Brian Weiss, *op. cit.*, p. 1.
14. Francis Steegmuller, *Your Isadora* (Nova York: Random House, 1974), p. 279.
15. *My Life*, de Isadora Duncan. Copyright 1927 by Horace Liveright, Inc., renovado © 1955 by Liveright Publishing Corporation. Reeditado mediante permissão da Liveright Publishing Corporation.
16. Correspondência pessoal, posteriormente usado em *In the Light of Experience.*
17. Nik Douglas e Penny Slinger, *Sexual Secrets* (Destiny Books, 1979).
18. Elizabeth Haich, *Initiation* (Londres: Mandala Books,1985). [*Iniciação*, publicado pela Editora Pensamento, São Paulo, 1991.]
19. Blaise Pascal, *Penseés* (1670).
20. Stephen Arroyo, *Astrology, Karma and Transformation* (Vancouver: CRCS, 1978), p.109. [*Astrologia, Prática e Profissão*, publicado pela Editora Pensamento, São Paulo, 1987.]
21. Richard Bach, *Illusions* (Londres: Pan, 1979), p. 121.
22. Mavis Klein — fonte desconhecida, talvez um artigo.
23. Frederick Seaman, *The Last Days of Jonn Lennon* (Nova York: Birch Lane Press,1991).

Albert Goldman, *The Lives of John Lennon* (Bantam Books, 1989).
24. Judy Hall, *The Astrology of a Prophet?* (Mendip Press, 1993), disponível com a autora.
25. Platão, *op. cit.*, p. 62.
26. *Ibid.*, p. 62.
27. *Ibid.*, pp. 62-3.
28. Kahlil Gibran, *The Prophet* (Arcarna, 1992).
29. David Lawson, *The Eye of Horus — An Oracle of Ancient Egypt* (Piatkus Books).
30. Julie Felix, *You Slept with Her* (© J. Felix, 1986).
31. Judy Hall.
32. David Icke, *In the Light of Experience* (Londres: Thorson, 1993).
33. Mary K. Greer, *Women of the Golden Dawn* (Rochester: Park Street Press,1995).
A. Norman Jeffares, *W. B. Yeats Man and Poet* (Londres: Kyle Cathie, 1996).
W. B. Yeats, *Memoirs* (Londres: MacMillan, 1972).
A. Norman Jeffares, *W. B. Yeats A Vision* (Londres: Arena, 1990).
W. B. Yeats, *Autobiographies* (Londres: MacMillan, 1980).
Richard Ellman, *Yeats — the Man and his Masks* (Londres: Penguin, 1979).
34. Richard Ellman, *op. cit.*
35. Informação pessoal de Christine Hartley em 1978.
36. Judy Hall.
37. Judy Hall.
38. Judy Hall.
39. Christopher Marlowe, *Dr. Faustus*.
40. Pauline Stone, *op. cit*.
41. W. B. Yeats, *Memoirs* (Londres: MacMillan, 1972).
42. Talat Sait et al., *Cedaleddin Rumi and the Whirling Dervishes* (Turquia: Dost Yayinlan, s. d.).
43. Irina Tweedie, *Daughter of Fire*.
44. Pauline Stone, *op. cit*.
45. *Ibid*.
46. Judy Hall.
47. Peter Brown e Steven Gains, *The Love You Make* (Pan Books, 1983), p. 392.
Ray Coleman, *John Lennon* (Futura, 1985), p. 458.
48. Frederick Seaman e Albert Goldman (Londres: Penguin, 1990).
49. Judy Hall, *The Karmic Journey* (Londres: Penguin, 1990).

INICIAÇÃO

ELISABETH HAICH

Iniciação é um romance de cunho espiritualista no qual uma mulher, por muitos títulos notável, descreve suas várias encarnações. Do Egito, onde foi preparada para iniciar-se nos mistérios da classe sacerdotal pelo sumo sacerdote Ptahhotep, ela passa para a Europa do século XX.

O relato apaixonante de sua rica vivência espiritual é de valor inestimável para se chegar a uma perfeita compreensão das leis que regem o Universo. Por sua vez, os episódios aqui narrados constituem, em última análise, uma convincente explanação das leis que regem a vida e o destino das pessoas.

Elisabeth Haich conseguiu pintar neste livro, paralelamente às experiências por que passou em suas vidas anteriores, um quadro excitante dos ritos que cercavam as cerimônias de iniciação no antigo Egito, mesclando biografia, romance e ensinamentos místicos.

EDITORA PENSAMENTO

ASTROLOGIA – PRÁTICA E PROFISSÃO

Stephen Arroyo

Jung costumava afirmar que o futuro da Psicologia repousa no reatamento das ligações perdidas entre o homem moderno e o cosmos. E é este justamente o tema geral deste livro em que Stephen Arroyo, um dos astrólogos mais conceituados da atualidade, dá uma nova feição à Astrologia tradicional, orientando-a, cada vez mais, como instrumento dos mais adequados para o progresso e o conhecimento do ser humano.

Embora ainda se encontre em processo de aprimoramento, Arroyo demonstra que a Astrologia moderna — ou o que ele chama de "Psicologia astrológica" — pode e deve ser usada com finalidades terapêuticas, graças à sua capacidade de re-sintonizar as pessoas com os ritmos e ciclos do cosmos.

Com esse intuito, muitas vezes de maneira polêmica e desafiadora, ele analisa os aspectos mais importantes — filosóficos, científicos, éticos, sociais e profissionais — relativos ao desenvolvimento da Astrologia como prática e como profissão, além de discutir os problemas com os quais ela terá de se defrontar nas próximas décadas.

EDITORA PENSAMENTO

Preparações Ocultas para uma Nova Era

Dane Rudhyar

Neste livro, Dane Rudhyar — compositor, poeta, filósofo e astrólogo — afirma sua esperança no mundo novo que estamos criando a cada instante e revela que é através da crise que surge o novo começo: "A semente tem de morrer para que a folha se desenvolva."

Embora tenha sido amplamente aclamado no campo da astrologia, este livro é essencialmente um estudo sobre o homem e sobre sua relação com o Universo. É um estudo que reconhece o fato de que não é só o céu que nos afeta, mas que também nós o afetamos; que a evolução da vida é um processo criativo cíclico e que, para avaliar corretamente a condição do mundo hoje, é preciso ter uma visão ampla e evolucionária dele.

Dane Rudhyar sugere aqui que nós, os participantes deste ato de criação, somos ajudados nos nossos esforços para realizar o nosso potencial e que essa ajuda surge na forma de avatares, de anjos, de heróis, de gênios e de todos aqueles que fazem parte, consciente ou inconscientemente, de uma Fraternidade Oculta muito real.

Preparações Ocultas para uma Nova Era é, na verdade, uma ampla síntese de mais de 50 anos de trabalhos do autor, síntese essa que incorpora uma visão global da *Doutrina Secreta* de H. P. Blavatsky, abrindo nossas mentes e corações para novos horizontes.

EDITORA PENSAMENTO